「高く売る」ためのマーケティングの教科書

競合他社との
圧倒的な「差」をつくる
13のポイント

大﨑孝徳
Osaki Takanori

日本実業出版社

はじめに――競合他社を圧倒する「差」をつくる！

●顧客満足ではなく、顧客との真剣勝負を楽しむ

安くて、よい商品――。

絶対的に正しい標語のように、とりわけ日本でよく耳にする言葉だが、営利を目的とする企業ならば、どこでも当然、儲けたいはずだ。それは１００％正しい。

にもかかわらず、なぜよい商品をわざわざ安く売らないといけないのか？

そもそも、本当によい商品なのだろうか？

その商品は、「まぁ悪くはない商品だし、安いから許してよ」という程度のものではないだろうか？

安い値段に甘え、頑張り切れていないのではないだろうか？

よい商品を安く売る正当性なんて、どこにもないはずだ。

日本の企業は徹底したマーケティングリサーチにより、顧客ニーズを把握し、顧客を満足させる商品をつくることに長けていると、よく指摘される。

もちろん、それは概ね、ほめ言葉だが、見方を変えれば、顧客に媚びへつらった商品、言わば合格点には値する60点程度の商品にすぎない。大雑把に言えば、こうした60点の商品をリーズナブルな価格、無難な広告や販売方法で提供することが、これまでの日本のマーケティングの特徴である。

しかし、現代の厳しい競争環境下において、こうした商品をセオリーどおりの売り方（営業や広告など）で提供しても、間違いなく**低価格競争**に巻き込まれてしまう。

顧客満足を重視する日本企業とは対照的に、スイスの時計メーカーであるスウォッチの社長（当時）、N・G・ハイエックは、「わが社の目標は**顧客を満足させることではなく、顧客を刺激する**ことである」と語っている。こうした思想のもと、商品には独創的な機能やデザインが施され、広告やプロモーションなどでも、競合他社との明確な「**差別化**」が実現している。

顧客満足ではなく、顧客と真剣に対峙するという、この姿勢は日本企業の「**脱60点のマーケティング**」に大いに参考になるのではないだろうか？

つまり、「安いから許して」という馴れ合いの関係ではなく、低価格に頼ることなく、競合他社との「差」を消費者に認めさせるという関係のもとで、はじめて一切の妥協が許されない強いマーケティングが実現するのではないだろうか？

こうした消費者との関係づくりは企業としての腕の見せどころとなるはずで、だからこそ本来、楽しむべきことであり、また、そういう企業にならなければ、厳しい競争環境を勝ち抜くことはできない。

●「まがいもの」扱いされがちなマーケティング

「マーケティング」、さらにその中心的テーマの1つである「**ブランド**」といった言葉が巷に溢(あふ)れている。マーケティングに関わる研究者としては本来、喜ぶべきことかもしれないが、正直、複雑な心境だ。

なぜなら、生産や購買、経理、財務といった企業における他の機能と比較し、「よくはわからない」「何やら怪しい」「たしかに何かしら影響力はあるだろう」というように、「まがい(ウソっぽい)もの」として扱われていると感じるからだ。

「アイデア勝負」「下手な鉄砲も数打ちゃ当たる」「広告によるイメージ訴求」「急にはどうにもならないもの」といった前提のもと、「当社はマーケティングが弱くて売れない」と嘆く営業担当者や、「ブランドが確立していないため、低価格競争に巻き込まれてしまい、利益率が低迷している」と釈明する経営陣などの姿を目にするたびに、マーケティングやブランドは都合のよい言い訳になり下がってしまっていると感じるのは筆者だけではないはずだ。

仮に、こうした言い訳のコメントに対して、「では、マーケティングがどう弱いのか?」「どのようにブランドが確立していないのか?」「そもそも、どのようなブランドを目指しているのか?」といった質問をしても、口ごもるだけであろうことは明らかだ。

しかも、では全力でこうした事態の改善に本腰を入れて取り組んでいるのかと言えば、「当社に大々的な広告を行なう余裕はない」「得体のしれない消費者のニーズを調査することは時間、費用ともにムダだ」「我々はその道のプロであり、我々こそがよくわかっている」「どうしても調査が必要な場合、社員相手に行なう程度で十分だ」「まあ、そのうち、誰かがよいアイデアを出すだろうから気長に待とう」などというように、ムニャムニャ言って、議論とも呼べない、ボンヤリとした無責任なムダ話が続くだけだろう。

●マーケティングが「ボンヤリ」してしまう理由

では、生産や購買、経理や財務といった機能においては、きっちりとした議論が行なわれ(正しいか否かはともかく)、しっかりとした方針が立てられているにもかかわらず、どうしてマーケティングだけが、先ほどのような事態に陥ってしまうのだろうか?

まず、マーケティングというものをそれぞれが勝手に解釈し、議論している点を指摘できる。つまり、そもそも人によってマーケティングに対する理解が異なっており、共通認識が欠落しているためだ。

たしかに、マーケティングは難しい概念である。長年にわたり、マーケティングを研究してきたハーバード大学のR・S・テドロー教授ですら、「マーケティングは定義するのが難しいために論じるのも難しく、つかまえどころのないテーマである。それはロジスティクスという細かい専門的な事柄から、人々が今、何を欲しがっていて、将来、何を欲しがるか、欲求を満たすためにいくらなら払うかというような推測の域を出ない事柄に至るまで広範囲な活動を含んでいるからである」と述べている。

また、日本においても、例えば、明治大学の教授であった白髭武は、「マーケティングという用語は、まことに曖昧(あいまい)で、漠然としていて十分に理解しにくい言葉である。それは、製造業や商業の行なう配給や販売を指すものとして用いられているだけでなく、保険業や銀行業においても、被保険者や預金者を獲得するものとしてこの用語が盛んに使われていても いる」と指摘している。

少し前に、筆者のゼミナールの学生が「献血者獲得のためのマーケティング」というテーマを扱ったことがあるが、他大学の教員や学生から、「それはマーケティングなのか?」といった批判を受けたこともある（筆者は立派なテーマであると思っている）。

このように、マーケティングの扱う範囲は極めて広いため、焦点がボケてしまい、マネジメントを困難にするといった点も影響しているだろう。

さらに、カール・マルクスの言う「**命がけの跳躍**」である〝販売〟という行為を完結させる購買の最終決定者は自らではなく、他者であるため、販売はコントロール不能であり、不確実性が極めて高いプロセスとなる。もちろん、「販売しない」という売り手の最終決定もあり得るが、通常、購買しないという買い手の決断により、取引が成立しないケースが圧倒的に多い。

また、マーケティングは最終的には「商品やサービス」という創造物をつくり出す作業であるため、科学的にも明確な根拠に基づく**サイエンス**の部分に加えて、どうしても不確実なところを残した**アート**の部分が出てきてしまう。

このアートの部分に関しては、感覚的な要素であるため、事務系、技術系のスタッフともに口を出しにくい。「ここで、うかつなことを言ってしまうと、後で大変なことになってしまう」と考えて押し黙ってしまうのも当然だ。自身の発言によって思いもよらぬ大きな責任を取らされる事態もあるからだ。

つまり、マーケティングは、誰に対しても明確な根拠を論理的に提示できない部分があるということだ。

もちろん、ビジネスパーソンは占い師ではない。したがって、不確実性の極めて高い、マーケティングに対して、ムニャムニャとしか言わないのはある意味、誠実な態度とも言える。

販売がうまくいくかどうかは、消費者や取引先などの相手に決定権がある極めて未来的行動であるため、きっちりした真面目な企業ほど論理的な社員が多く、遠くから見守る、口を出さないといった行動が常態化し、その結果、余計にマーケティングがうまくいかない傾向が高まる。そもそも、積極的にマーケティングに取り組まないケースも少なくはないはずだ。

●「顧客満足の最大化」に向けた全社的な取り組み

結論から述べると、消費者や取引先といった社外の者が大きな決定権を持つため、あるいは、そもそも、未来のことは誰にもわからないため、100%きっちり、うまく回るマーケティングなど存在しない。

だからと言って、ムニャムニャ言って終わらせてよいわけがない。言うまでもなく、何事に対しても、「人事を尽くし天命を待つ」というスタンスは、ビジネスの基本中の基本であることは間違いない。

そのスタンスを貫くためには、マーケティングをきっちり理解し、サイエンスとアートの部分を切り離して把握しなければならない。サイエンスの部分は、生産や財務など他の業務と同等レベルのマネジメントが可能となる。これで7～8割は合格ラインに到達できるはずだ。あと2～3割、不確実なアートな部分は残るが、この部分についてはPDCA（計画→実行→評価→改善）を回すことが重要だ。つまり、仮説を立て、実行、検証を繰り返しながら、時間をかけてマーケティング・マインドや技術を全社的に共有していくしかない。

マーケティングに長けていると言われる、サントリーやP&Gのような企業には、こうした取り組みが社風として根づいていることだろう。

●競合他社を圧倒する「差」をつくるしか、もう生き残れない

従来、安いわりに品質がよい、つまりコストパフォーマンス（以下、コスパ）に優れていることが日本企業の強みであった。実際、こうしたコスパを追求する戦略によって、日本企業は国際市場で大きな影響力を保持してきた。

だが、高競争時代に突入している現代において、もはや安さを中心としたコスパのよさは強みとはならない。いかに他社よりも高い顧客満足度を獲得できるかが高競争時代を勝

ち抜くポイントとなる。それを実現させるのはマーケティングにほかならず、これまで以上にその真価が問われることになる。そのために、どうすればよいのか？

お決まりのセオリー、杓子定規的なマーケティングを事務的にこなすような取り組み方では、到底、顧客満足を最大化させることなどできない。もちろん、こうした基礎的なことをきっちり行なわなければ話にならないが、そのうえでマーケティングのコアな部分を正しく理解し、社内で共有して、自社を取り巻く環境、自社のポジション、強みや弱みを幅広く、奥深く、徹底的に分析したうえで大きな方針を決定する必要がある。

こうした大きな方針のもと、満足させるべき顧客を明確化させ、彼らのニーズに寄り添う、さらには想定をはるかに上回る価値を提供する商品やサービスを市場に投入する以外に、顧客の満足度を最大化させる途はない。

つまり、従来、成果を上げることができた合格点に達する程度ではまったく不十分であり、競合他社を圧倒する「差」を生み出すマーケティングを展開する以外、企業に生き残る術はないということだ。

そのためには、使い古されたフレーズになるが、やはり、「**全社的な取り組み**」がカギとなる。まず、顧客志向を具現化するマーケティングを、経営トップから末端のスタッフ一人ひとりまで全員が正しく理解し、そうした理解を共有しなければならない。

その対象は、第一線で直接的に顧客と対峙する販売スタッフや商品開発担当者に限定されるのではなく、全スタッフでなければならない。

なぜなら、マーケティングを本格的に実行するにはそれに応じた費用が必要なため、財務や経理部門の理解が必要となり、また顧客志向に取り組む人材がきっちり評価されるためには人事部門の協力が必要となるからだ。

とりわけ、大きな組織の場合は、こうしたことをしっかりマネジメントできるように、社長に加え、**CMO**（Chief Marketing Officer：**最高マーケティング責任者**）を置き、顧客志向が円滑に進むような組織体制およびシステムを構築する必要がある。

ちなみに、顧客と言えば、自社の商品やサービスをお金に替えてくれる「外部顧客」のみをイメージしがちであるが、業務を依頼する社内の他部署なども「内部顧客」というように顧客として扱う場合もあることから、顧客志向を重要視するマーケティング概念の全社的な理解と共有は、組織全体のモチベーションを高め、競争優位性を生み出す強い組織づくりに大きな影響を与えることになるだろう。

●本書の特徴

本書は、「高く売る」原理原則をつかむための理論編と、「高く売る」思考力を鍛えるための事例編の2部構成となっている。

まず、理論編（マーケティングのセオリー＋α）におけるポイント1の「そもそもマーケティングとは何か?」では、マーケティングについて用語だけの理解ではなく、そのエッセンスをしっかりと体得できるように、「高品質とは?」「そもそも顧客満足はなぜ重要なのか?」といった〝当たり前だ〟と素通りされる部分も含めて丁寧に説明している。また、とりわけ全社的な取り組みとしてのマーケティングに焦点を当てている。

次に、ポイント2の「マーケティングの原理原則」では、マーケティングを実行するためのプロセスについて述べている。特には、単にマーケティングのセオリーを説明するのではなく、より自社に適合した戦略や施策、さらにはそれらの結果として商品やサービスが誕生するまでのプロセスに焦点を当てている。

ポイント3の「セオリーを超える『プレミアム商品』のマーケティング」では、デフレ状況下にもかかわらず、低価格競争に巻き込まれることなく、順調な販売を維持しているプレミアム商品のマーケティングについて解説している。

事例編（競合他社を圧倒する「差」のつくり方）では、ブランド、PB、SPAなど、マーケティングに関わる今日的キーワードに対して、〝**「差」をつくる**〟という視点から整理・解説している。例えば、PBやSPAなどは一般的には低コスト化による低価格販売のみに注目が集まっているが、これらの仕組みの本質的な価値を見つめ直すことにより、競合他社を圧倒する明確な差をつくり、低価格競争から脱却する手掛かりとなるポイントを明らかにしている。

また、全章を通して、ボンヤリとしたマーケティングをリアルに体得できるように明快な整理と豊富な実例を盛り込んでいる。

本書は、マーケティングに直接的に大きく関わる販売や商品開発に携わるスタッフはもちろんのこと、それ以外の部署のスタッフにも読んでいただきたい。また、戦略など大きな方針を打ち出し、しっかりとスタッフを支えるべき経営トップにも目通しいただきたい。

さらに、本書を読むに際しては専門知識を必要としないため、これから社会に出る学生諸君にも手に取ってもらいたい。

本書が読者の皆さんの日々の業務や学び、日本企業の競争力の向上、さらには顧客志向に溢れた（＝相手を気づかうことができる）社会の実現に少しでも貢献できれば幸せである。

大﨑孝徳

「高く売る」ためのマーケティングの教科書●目次

マーケティングのセオリー＋α
——「高く売る」原理原則をつかむ

Point 3 セオリーを超える「プレミアム商品」のマーケティング 89

II 事例編

競合他社を圧倒する「差」のつくり方

——「高く売る」思考力を鍛える

※本書に記載されている社名、ブランド名、商品名、サービス名などは各社の商標または登録商標です。本文中にⒸ、Ⓡ、TMは明記していません。
※本書は2018年２月現在の情報をもとに執筆していますので、各社の商品やサービスの名称や価格などが変更されている可能性があります。

装丁／山田絵理花　ＤＴＰ／一企画

マーケティングのセオリー＋α

——「高く売る」原理原則をつかむ

そもそもマーケティングとは何か?

◎経営の本質に迫る

マーケティングをしっかりとつかむために、いくつかの重要なポイントを理解する必要がある。まず、より大きな範囲である、「経営」について掘り下げてみよう。

広辞苑（第五版、岩波書店）によると、経営について、次のように記されている。

①力を尽くして物事を営むこと
②あれこれと世話や準備をすること
③継続的・計画的に事業を遂行すること
④会社・商業など経済的活動を運営すること

一般に多くの人が「経営」に対して抱くイメージは、③や④ではないだろうか？
①や②は、一般に言われている会社における経営とは似ても似つかぬと思うかもしれない。しかしながら、経営の要諦は、結局、①や②に尽きるのではないだろうか？
まず、自分が頑張る、従業員や同僚、顧客、仕入先など、関わりのあるすべての人の世話をする。仮に、全従業員がこうした志を持って日々努力している企業であれば、必ずや儲かるに違いない。個人的には、②はマーケティングの基本的概念と共通する部分があると考えている。そういう意味では、マーケティングは経営のコアを成すものと捉えられる。

より専門的な経営学の分野では、経営とは2つの「矛盾」を管理することといった指摘がされている。読者の皆さんは、この2つの「矛盾」の意味するものがわかるだろうか？

1つ目は、「**組織の中の矛盾**」である。組織の構成員は社長をはじめ管理する側と、一般従業員のように管理される側に分類することができる。

一般従業員は通常、経営サイドに高賃金、短時間労働などの要求を行なう。一方、経営サイドは、人件費を抑え、利益を拡大させたいと考えるのが常である。しかしながら、一方的にこうしたことを強制するだけでは優秀な人材が会社から離れていってしまう。退職とはならずとも、従業員のモチベーションが大きく低下すると、利益を低下させてしまうだろう。

こうした事態を避けるためには、どこかのポイントでうまくバランスを取らなければならない。

2つ目は、「**組織の外にある矛盾**」である。これは、企業を取り巻く環境との矛盾と言える。企業を取り巻く環境には顧客が存在し、その他、ライバル、仕入先、政府なども存在する。

顧客を例にあげると、顧客の企業への要望は通常、「低価格での販売」である。商品に関しては、それぞれの顧客ごとに様々なニーズが存在するが、例えば旧型と新型であれば、多くの顧客は新型の商品を望むだろう。

一方、企業サイドに立てば、できるだけ高価格で販売したい。商品に関しても、できることなら現行の商品を末永く販売し続けたいと思うだろう。しかしながら、世の中のほとんどの商品やサービスには競合他社（コンペティタ）が存在しているため、顧客が競合他社に流れるのを食い止めるレベルにまで価格を低下させ、さらに必要に応じて新商品や新サービスを投入しなければならない。

こうした組織内および組織外の環境との間に生じる矛盾を管理することこそが経営であると言われている。従来、マーケティングは顧客を中心とする組織外の環境との矛盾を管理することと捉えられてきたが、市場が成熟し、競争が激化するなか、マーケティングの概念はより広い範囲、より本質的な機能にまで拡大しており、組織内における矛盾をも管理しなければならなくなってきている。

それでは、マーケティングの本質に迫っていこう。

◎「高級万年筆」と「3本100円のペン」——「高品質」とは何か？

まず、ビジネスの現場でよく使用されているフレーズである「**高品質**」について考える。

2つのペンがある。1つは、何万円もする高級万年筆である。もう1つは透明で内部のインクの軸が見え、100円ショップ（「100均」とも称される）などでは3本100円で売られている、いわゆる普通のペンである。

では、品質がよいのはどちらか？

高級万年筆の場合、ペン先が金の場合も多く、その他のパーツの材料にもコストがかかっているだろう。さらに、洗練されたデザインや書きやすさといった機能性も魅力だ。

一方、3本100円のペンの場合、徹底したコスト削減により、素材は安価で、デザインへのこだわりも感じられない場合が多い。こうしたことを理由に多くの人は、高級万年筆のほうが高品質だと思うだろう。少なくとも世間の常識からすれば、そういう判断になるはずだ。

しかし、例えば、中学生が試験のときに使用するペンの場合はどうだろうか？

そもそも何万円という高級品は通常、中学生の小遣いでは買えない。仮に買ってもらうことができたとしても、高級万年筆は重いため、素早く答えを書けないかもしれない。また、インクの残量がわからないため、試験の途中で書けなくなるというリスクもある。

一方、3本100円のペンならば中学生でも気軽に購入でき、しかも軽く、さらにインクの残量が把握できるという安心感もある。したがって、この場合は、3本100円のペンのほうが高品質だと言えるのではないだろうか？

ペンとしてのほかの機能（用途）についても考えてみよう。例えば、ペンである以上、書きやすさこそが最も重要な機能と考えがちだが、それすら疑ってみる必要があるのではないだろうか？

例えば、大企業の社長ともなれば、もはや字を自分で書く必要は少ないはずだ。なぜなら、そのようなことは秘書が代行してくれることが多く、仮にそうでなくとも、ペンではなく、パソコンやスマホを使って、文章を書くことができるからだ。

それでもなお、社長がペンを求める理由を探れば、例えば朝礼のときにビシッとスーツの胸ポケットに刺しておきたいためなどが考えられる。そのような場合、書きやすさなどに何ら興味はなく、ただ洗練されたデザインの（できれば、誰もが知っている高級ブランドの）ペンらしき物体があればいいというわけだ。極端なことを言えば、スーツの胸ポケットに引っかける金具の付いたキャップ部分さえあれば事足りるということだってあり得る。

また、お世話になった上司へのプレゼントなら、どちらを選ぶだろうか？

もちろん、場を和らげたいとか、笑いを取ることを目的とするなら、3本100円のペンがよいかもしれないが、恩を返すという意味では、通常、高級万年筆がふさわしいことは明らかである。つまり、書きやすさや高価な素材を使っているというポイントは、世間一般には（机上では）、ペンとして品質が高いということになるかもしれないが、実際には対象となる消費者の、そのときのニーズをどれくらい満たしているかどうかで品質の評価基準は変わり、その度合いが高ければ品質は高くなるわけである。

「品質のよし悪しは顧客が決定する」――。

マーケティングにおける「**顧客視点**」の重要性を、しっかりと把握しておかなければいけない。

◎「安くてうまいレストラン」と「高くてまずいレストラン」

——なぜ「顧客満足」が重要なのか？

ある日突然、住宅街にまったく同じ外観の２つのレストランがオープンしたと仮定しよう。２つのレストランは同じ食材を使用しているにもかかわらず、一方は安くてうまい（おいしい）レストラン、もう一方は高くてまずいレストランである。

しかし、どちらの店もメニューや料金表を店の外には掲示しておらず、店に入って注文するまでは何もわからない状態になっていると仮定する。この場合、どちらのレストランが儲かるだろうか？

同じ食材を使っていながら、一方は高価格、もう一方は低価格であるならば、値段が高いほうが利益率は高く、儲かるはずである。しかし、そうであるならば、日本中、高くてまずいレストランばかりになってしまう。

たしかに、外からは何の情報も得られず、同じ外観である場合、確率論で言えば客は二分されるはずだ。となると、オープン当初は高くてまずいレストランが儲かってしまう。しかし、高くてまずいレストランで食事をした顧客は二度とその店に行くことはない。しかも、人の「不満のパワー」というものはとても大きく、強力な負の情報拡散、いわゆる悪い口コミの蔓延により、それまで利用したことのない人もその店に行くことはないだろう。

一方、うまくて安いレストランに行った客は自身がリピーター化するだけでなく、よい口コミも広めてくれるはずだ。その結果、高くてまずいレストランはつぶれ、安くてうまいレストランは盛況になっていく。

つまり、顧客を満足させなくても、一時的に儲けることが可能な場合もあるだろうが、事業の継続を前提とする、まっとうな経営の場合、**「顧客満足」**が重要なポイントとなる。しかも、インターネットによるＳＮＳが普及し、かつてないレベルで口コミがパワーを持つ現代においては、顧客満足が一層重要になる。

顧客満足という言葉は誰もが嫌というほど耳にしていると思われるが、本当に企業の存続に最も大きな影響を与える要因であり、今後もますます重要になってくるはずだ。

ちなみに、この例で、レストランの立地を住宅街としたのには理由がある。例えば、明日には店がなくなる祭りの夜店や屋台、めったに訪れない観光地の店などでは口コミの効果が低下するため、住宅地としたわけだ。正しいかどうかは別にして、こうした飲食店の場合は、できるだけ高価格にすることが儲けにつながる可能性がある。実際に、そのような店では、高価格の場合が多い。もちろん、物流的負担が大きいということもあるが、それ以上に短期志向で「**利益の最大化**」を目指した結果の値づけだと言えるだろう。

もっとも、ＳＮＳ全盛の現代では、観光地の店に関する口コミなどの情報も充実してきており、観光地の店といえども、なかなか高価格はつけにくくなってきており、また味などにも高いレベルが求められるように変化してきていることも事実である。

◎「バナナを売って儲ける」には？

「マーケティングとは何か？」を考える最後の例として、「バナナを売って儲ける方法」について考えてみよう。

大学生にバナナを売って儲ける方法について聞いてみると、「**安くしてたくさん売る**」という意見が多い。いわゆる「**薄利多売**」というわけだ。もちろん、薄利多売も伝統的に行なわれてきた立派な戦略ではある。しかし、競争がますます激しくなる昨今、適正な利益を損なうほどの低価格競争が繰り広げられている場合も多く、できれば、それは避けたいところだ。しかも、こうした「規模の戦い」になると通常、業界トップのリーダー企業が有利になるため、一般に広く適用可能な戦略であるとは言い難い。

次に多い大学生の意見は、「**積極的に広告を打っていく**」というものだ。もちろん、テレビなどのマスメディアを活用した広告の効果が大きいことはたしかである。しかし、現代の賢い消費者に対して、何ら特徴のないバナナについて、ただ広告を打っても、期待した効果が得られる可能性は極めて低いだろう。

また、バナナをそのまま売るのではなく、例えば、ジュースやチョコバナナなどのデザートにするといった、「**何かしら加工して販売する**」という意見が出ることもある。こうした「**付加価値**」を加えることにより、大きな利益を得るという戦略はしばしば見られる。しかし、これらはバ、ナ、ナ、を売るという本題からは少し外れている。もちろん、バナナを購入した食品メーカーや飲食店などの業者では有効な戦略の1つになり得るだろうが。

さらに、高校生への出前講義を行なったときには、「**色を変える!**」というユニークな意見もあった。「では、何色なら売れるのか?」といった疑問も残るが、こうした意見は高校生ならではの発想で大変興味深い。社会人はもちろん、大学生もかなり現実的な思考になっているので、もはやこうした驚くような意見はなかなか聞くことができない。

しかし、「色を変える!」という意見は単に突拍子もないだけでなく、重要な示唆を含んでいる。おそらく、読者の多くは「売って儲ける」という質問を見て、特に疑いもせずにバナナそのものに手を加えるという発想を除外し、既存のバナナをいかに競合他社と差別化して販売していくかというポイントに焦点を絞ったのではないだろうか？
既存のバナナを前提とした場合、競合他社との差別化の余地は極めて限定されてしまうことになる。

ある外資系食品商社の事例を見てみよう。その商社はバナナを日本で販売するに際して、市場調査（マーケティングリサーチ）を実施した結果、欧米ではバナナは料理の食材として使われる場合がある一方、日本ではそのまま食べることが多く、しかも日本人はとにかくバナナに甘さを求める傾向が強いことを発見している。その商社は、こうした消費者ニーズを踏まえ、長い時間をかけて甘い品種のバナナを開発した。

加えて、日本市場において、リンゴやナシなどには、ふじ、津軽、二十世紀、幸水といったブランドがあり、日本人のブランド好きを明らかにしている。しかし当時、バナナにはブランドが存在していなかった点に着目して、ブランド名を決定した後、著名な芸能人をメインキャラクターに登用し、テレビをはじめマスメディアを活用した大々的なプロモーションを展開している。

このような日本人のニーズに適した独自の商品開発と、ブランド名の大々的なＰＲによって、その商社の営業スタッフはおそらく円滑に販売を行なうことができただろう。もちろん、低価格競争とは一線を画した販売が実現できたはずだ。

◎「全社的な取り組み」でなければ顧客満足は最大化できない

このバナナの例で、筆者が強調したいポイントが皆さんに伝わっただろうか？マーケティングリサーチ、商品開発、広告、ブランドといった要素などに注目した人も多いかもしれない。もちろん、こうしたことは重要なポイントとなるが、筆者が特に強調したいことは、**「顧客満足の最大化に向けた全社的な取り組み」**である。これこそが、マーケティングの肝であると指摘したい。

まず、「売る」ということは営業部署の話であると一般に捉えられている。もちろん、迅速かつ丁寧な対応、魅力的な売り場づくりの提案などによって、得意先と日ごろから人間関係を構築することは重要なポイントになるだろう。しかしながら、一人の営業マンが担える範囲には限界がある。そこに、根拠に乏しい無理な目標やノルマを課したところで、モチベーションが大きく低下し、営業成績が悪化していくことは明らかだ。とりわけ、今どきの若者はきっちりと理屈で納得しなければ動かない。

したがって、「どう売るか？」に対して、「売る」に限定せず、「顧客が満足する商品やサービスをつくる」ところまで遡る必要がある。そのためには、「顧客が何を求めているのか？」を把握するためのマーケティングリサーチにまでさらに遡らなければならない。

もちろん、新たに開発した商品やサービスの価値を明確にして、競合他社と差別化できるように、消費者の心に焼きつけるためのプロモーションも必要となる。こうした活動にはコストを要するため、「**全社的なコミットメント**」が必要となる。

つまり、営業、マーケティングリサーチ、商品開発、広告といった、それぞれの機能の重要性に加え、これらを有機的にリンクさせ、かつ全社的な取り組みを行なわなければ、競合他社を圧倒するような「差」は生まれない。これは、**全社的に取り組まなければ、適正な利益を確保できる販売は実現しない**、ということを意味している。

なお、マーケティングリサーチを行なわなくても、ヒット商品が誕生する場合もあるだろうし、広告のヒットにより、あまり他社商品と差のない商品でも売れる場合もある。しかしながら、こうしたケースは宝くじに当たるようなものだ。ビジネスやマーケティングは一か八かのギャンブルではなく、安定的に顧客満足を獲得し続けなければならない。

したがって、きっちりとした仕組みやシステムを確立し、実際の販売状況を踏まえて、日々、そうした仕組みを改善しながら、成功確率を高めていく必要がある。最終的には、こうした姿勢が会社の風土や社風となることを目指すべきである。

また、市場での競争において最も重要なことは、「**長期にわたる競争優位性**」の創出である。そのためには、「**模倣困難性**」の創出、つまり他社が簡単にはマネすることができない壁のようなものをつくる必要がある。

こうした点に関しては、一般には特許やブランドに焦点が当てられる。たしかに、ブランドを模倣することは違法行為となるので、まっとうなビジネスの世界では、強固なブランドを確立することができれば、明確な模倣困難性になる。

しかし、強いブランドの確立は結果論という側面が強く、そうなるまでのプロセスが重要であることは間違いない。「顧客満足の最大化に向けた全社的な取り組み」は商品や広告とは異なり、他社にとって見えにくいものであり、簡単にマネできるものではない。また、こうした行動を貫いていけば、自然に強いブランドの確立にも通じるはずだ。

マーケティングは、一般には営業やプロモーションなどと捉えられることが多い。しかし、ここまで述べてきた点を踏まえると、「売れる仕組みづくり」、さらに広義には、「顧客を満足させる全社的な取り組み」と捉えなければならない。間違っても、営業マンや広告の部署だけが頑張ればＯＫという問題ではない。

改めて、ピーター・ドラッカーの語った「マーケティング＝セリング（販売）をなくすこと」「企業がやるべきこと＝マーケティングとイノベーション（技術革新）」といった言葉の重要性を胸に焼きつける必要がある。

Case

徹底した顧客志向を貫く「ジャパネットたかた」のマーケティング

強烈なキャラクターは未だ多くの人の記憶に残っているだろうが、ジャパネットたかた（以下、ジャパネット）のテレビショッピングでは、まさしく看板であった創業者の高田明氏の姿は2016年1月15日の放送で見納めとなってしまった。

同氏はその1年前に社長を退任し、長男の高田旭人氏に会社の全権を委ねた際に、「あと1年をめどにテレビ・ラジオへの出演はやめる」とコメントしたとおり、潔い結果となったわけだが、独特の言い回しなどを多くの視聴者が惜しんでいることだろう。

こうした魅力的なキャラクターを失ってしまったことは、ジャパネットにとって大きな問題ではあるものの、今後もしっかりと好調な業績を維持していくものと思われる。なぜなら、ジャパネットは単に個性的な社長のテレビ出演という、言わば「一本足打法的経営（1つの強みに依存する経営）」ではなく、しっかりとした「**稼ぐ仕組み**」が構築できているからだ。

●徹底した消費者志向

ジャパネットのテレビショッピングを見ていて強く感じることは、「**徹底した消費者志向**」である。一般的に小売店では、メーカーから配布される販促のためのリーフレットなどに基づき、消費者に対して商品説明を行なうことに終始しているところが多い。

しかし、ジャパネットでは、主たるターゲットとなる年齢が比較的高い消費者の立場に立ち、自分たちが販売しようとしている商品はどのような価値を提供できるのかということを、開発したメーカー以上に考え抜き、視聴者に向けて情報提供を行なっている。

例えば、ICレコーダーの場合、通常は会議やインタビューなどの録音を想定することが多いが、ジャパネットでは枕元に置き、寝る前に今日の出来事、明日やらなければならないことを簡単に録音できるという使い方を訴求してヒットさせた。たしかに、ある程度の年齢になると、そのような使い方に対して多くの人が共感し、商品の魅力を感じるだろう。

●温かい雰囲気のテレビショッピング

ジャパネットのテレビショッピングに、どことなく温かい雰囲気を感じる視聴者は多いだろう。それは、なぜだろうか？

もちろん、前社長の高田明氏から発せられる、あの独特の口調も大きな影響を与えているだろうが、そのほかにも様々な要因が考えられる。

まず、自社のスタジオで、自社のスタッフの手で番組を制作している効果は大きい。もともとはテレビ局のスタジオなどを借りて制作されていたが、目まぐるしく変化する商品の入れ替えに迅速に対応するため、本社にスタジオを設置した。まだ事業規模がそれほど大きくなかった当時のジャパネットにとっては、大きな投資となったはずだ。このように、当初はスピード重視のために自社スタジオを設置したが、筆者は自社で撮影する副産物として、和気あいあいとした雰囲気をかもし出せていると捉えている。

また、管理部門のほかにスタジオやコールセンターを擁する本社が、長崎県佐世保市に所在していることも、東京などの大都会とは異なり、どこかほんわかとした雰囲気をかもし出す要因になっているかもしれない。

ずいぶん昔のことになるが、筆者は学生と共にジャパネットの本社を訪問したことがある。大きな本社ビルは土足厳禁で、入り口でスリッパに履き替えたことを今でも鮮明に記憶している。スリッパに履き替えて行なう業務は、多くの人が憧れるのではないだろうか? 想像するだけでも心地よい感覚になる。些細なことかもしれないが、こうしたこともテレビショッピングにおける、温かさの演出に影響を与えていることだろう。

●システマティックな商品の絞り込み

テレビ広告は大きなコストを要するにもかかわらず、ジャパネットではかなりの時間をかけて1つの商品を紹介するケースが目立つ。このようなケースでは、その商品の売り上げ不調が原因で大赤字になる場合も多く、リスクの高いビジネスモデルだと筆者は捉えていた。ところが、そのようなリスクを最小化させるシステムがジャパネットでは構築されている。

ジャパネットと言えば、テレビショッピングのイメージが強い。しかし、じつは新聞折り込み広告（ビラ）、ラジオ、BSテレビ、インターネットなどでも販売や広告出稿が行なわれている。新聞折り込み広告の場合、低コストで多くの商品を紹介することができる。以下、ラジオ、BSテレビ、通常の地上波テレビという順に、消費者への影響力は高くなるものの、コストがかさんでいく。

そこで、ジャパネットでは、まず新聞折り込み広告で売り上げのよかった商品をラジオに、さらにラジオで反応のよかった商品をBSに、という具合に商品の絞り込みが行なわれている。その結果として、テレビでは売れる可能性の極めて高い商品が紹介されるという、成功確率の高いシステムが構築されているのである。もちろん、商売（利益確保）に対してシビアな面も抜かりはない。ジャパネットでは、様々なモノが主たる商品にセットされて販売されているが、これらを単純に「おまけ」と捉え、喜ぶ消費者も少なくはないだろう。

また、「おまけ」が別の小売業者との価格比較を複雑化させているため、賢い消費者に対しても、価格比較を放棄させることに大きな効果を発揮しているはずだ。

こうしたジャパネットの稼ぐ仕組みを考慮すると、高田明前社長のテレビ出演がなくとも、堅調な業績は今後も続いていくだろう。

ちなみに、テレビショッピングへの最後のレギュラー出演となった2016年1月15日の会見で、高田明前社長は従業員に対して「お客様を感じる心を持ってほしい。そのためには人間力を磨いて」とエールを送っているが、消費者志向とはまさにこういうことであり、それを愚直に貫いてきたからこそ、今のジャパネットがあると強く感じる。

Point 2

マーケティングの原理原則

まず何をするか？

マーケティングのアウトプットは、最終的には個別の商品やサービスに集約される。もちろん、すでに市場に投入する商品やサービスが決まっており、そのために会社を立ち上げるなら、「商品やサービスありき」でマーケティングを展開すればよいが、そうしたケースは極めて稀で、通常、すでに存在している企業という大きな制限のもと、マーケティングを展開することになる。

例えば、スポーツでも身長の高い選手と低い選手ではプレースタイルが大きく異なるように、マーケティングにおいても自社をしっかりと分析し、**自社にフィットした**大きな方針のもと、商品やサービスの戦略を構築する必要がある。

「自社にフィットした」というポイントは極めて重要であり、どの競合他社よりも方針が会社にフィットしていれば、その後の商品やサービスの開発、販売・プロモーションの展開をどこよりも有利に進めることができる。つまり、差別化できる可能性が高まる。

では、どのように自社の立ち位置を見つけ、フィットした方針を抽出すればよいのだろうか？

そのポイントは、「**自社を取り巻く環境の分析**（**外部環境分析**）」と、「**自社の強み・弱みの把握**（**内部環境分析**）」にある。

◎自社を取り巻く環境を分析する——PEST分析、3C分析、5F分析

日本を代表する企業の1つであるトヨタ自動車。世界シェアでもトップを争うほどの規模を誇り、利益も極めて高い水準にある。また、「かんばん」や「カイゼン」に代表されるトヨタ生産方式は世界中から称賛されるなど、この先も盤石のように思える。

しかしながら、仮にトヨタ自動車が今後、ピンチに陥るような事態に直面するとすれば、どのような要因が考えられるだろうか？

例えば、アメリカのトランプ政権の強力な後押しにより、ビック3に代表されるアメリカの自動車メーカーが復活してくる可能性もゼロとは言えない。また、市場が縮小しつつある日本とは対照的に進展が著しい中国やインドといった新興国から、強い自動車メーカが現れてくる可能性も大いにある。

こうした競合関係は、誰もが一番に思いつくポイントだろう。ということは、トヨタ自動車の社内でも同じように想定しているはずで、その対抗策は立てやすい。

しかし、本当に脅威になるのは、まったく予想もしない、現時点で競合他社と見なされていない企業の動向である。筆者は、トヨタ自動車にとっての脅威として、グーグルをはじめとしたＩＴ企業に注目している。

「自動運転」が注目されている昨今、目新しさはないだろうが、自動車ビジネスのコア・コンピタンス（競合他社がマネできない核となる能力）が大きく変わるのではないかと注目している。

これまでは商品開発力、製造現場力、販売・アフターサービス網、ブランド力などが重要であったが、今後は位置情報、地図情報などの情報の力が何より強くなり、ハードそのものの重要性は低下するのではないかと考えている。

また、自分で運転する喜びなどが排除された自動運転のクルマが主流になると、消費者

■PEST分析

政治 (Politics)	経済 (Economy)
社会 (Society)	技術 (Technology)

はメーカーや車種といったブランドに対して、強いこだわりを見せなくなる可能性がある。その場合、故障率などの基本的な機能的価値の重要性は変わらないだろうが、自動車のコモディティ化（同質化）はますます進行し、ハードではどのメーカーも儲からなくなるのではないだろうか？

このような分析は、上の図に示したように、アメリカの**政治**（Politics）、日本や新興国の**経済**（Economy）と**社会**（Society）、ＩＴなどの**技術**（Technology）という4つの視点に基づいている。こうした分析は、4つの要素の頭文字をとり、「**PEST分析**」と呼ばれる。

このＰＥＳＴ分析を活用すれば、企業を取り巻く環境を長期的な視点に立ち、幅広く、深く、バランスよく、分析することができる。この環境分析から、企業にとって正の影響をもたらす要素、もしくは正の影響として利用可能な要素を、**機会**（Opportunity）として抽出することができる。

逆に、企業にとって負の影響になり得る要素を、**脅威**

■３Ｃ分析

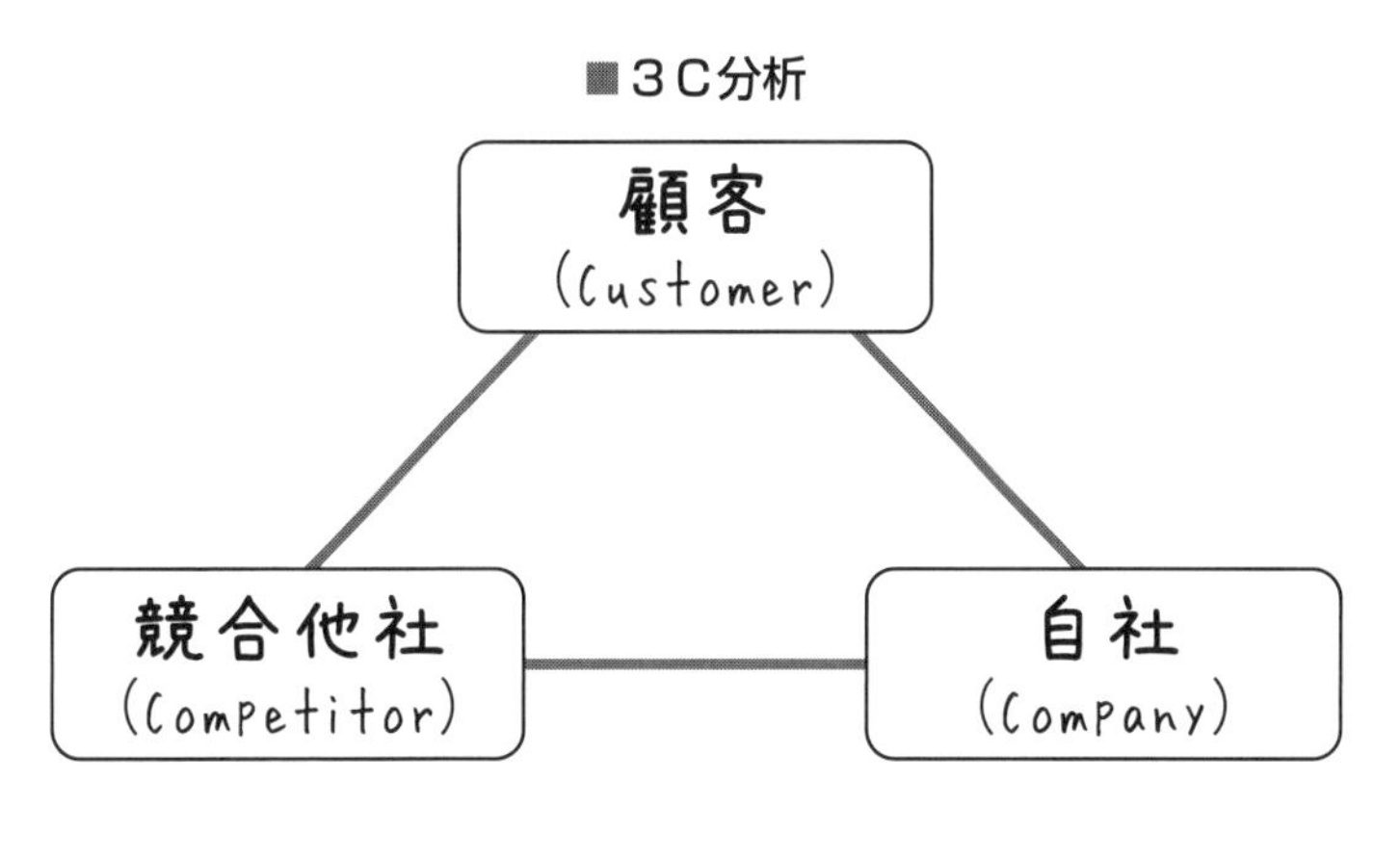

（Threat）として明確に認識することも可能となる。

より幅広く深い分析を行なうために、様々な分析手法を組み合わせて活用することは、マーケティングを考えるうえでとても有効である。

例えば、上の図に示したような「**３Ｃ分析**」における**顧客**（Customer）、**競合他社**（Competitor）、**自社**（Company）のうち、当然のことながら、顧客や競合他社は外部環境分析には欠かせない要素となる。

さらに、戦略論やマーケティング論に関わる研究成果を取り込むことも重要だ。

例えば、マイケル・ポーターは、自社を取り巻く５つの力に注目しなければならないと指摘している。５つの力について、皆さんは、どのようなものを思い浮かべるだろうか？

ポーターは、次ページの図に示したように、「**業界内の競合者**」「**売り手の交渉力**」「**買い手の交渉力**」「**代**

■５Ｆ分析

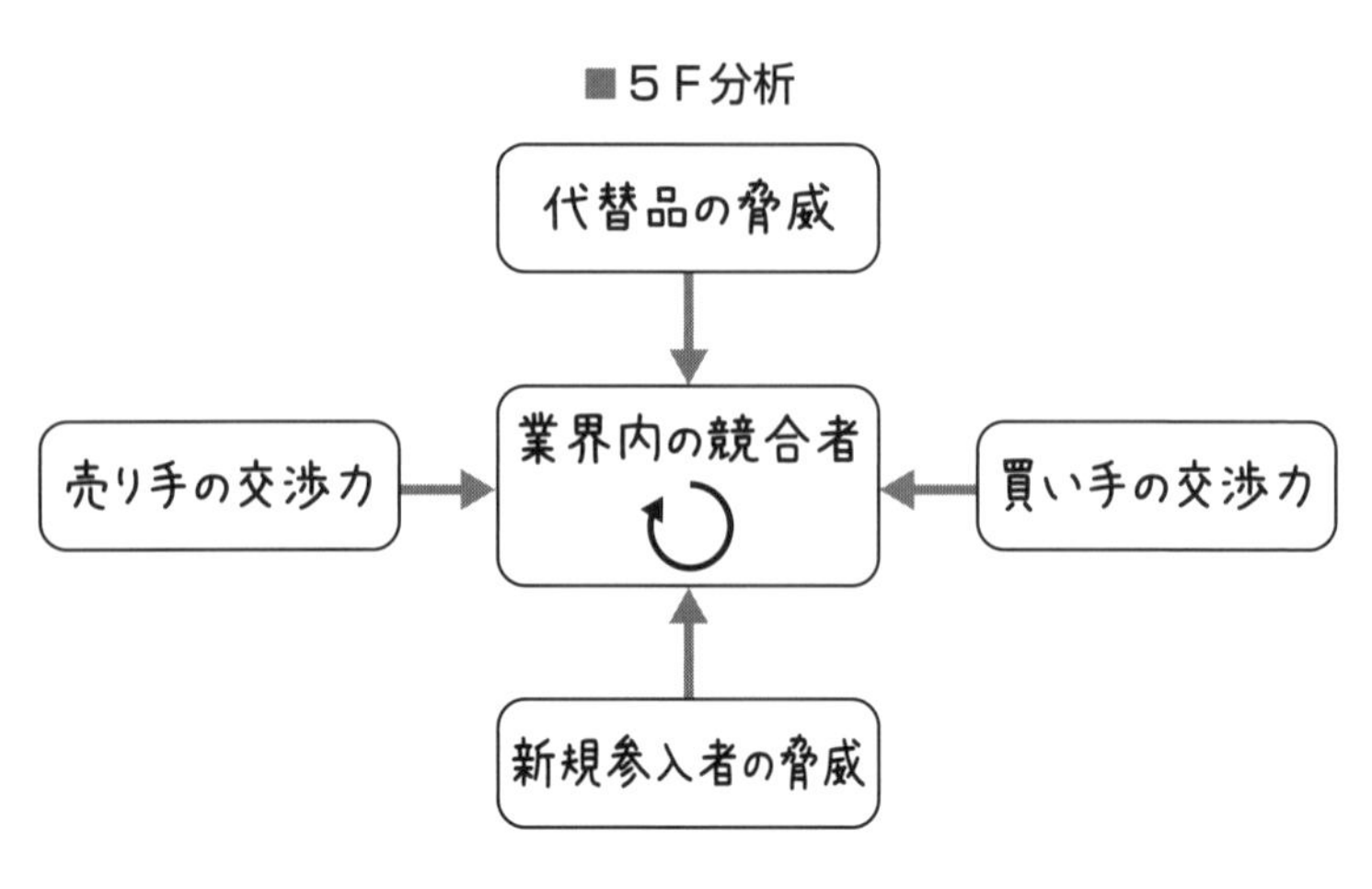

替品の脅威」「**新規参入者の脅威**」をあげている。

これらのうち、業界内の競合者、売り手の交渉力、買い手の交渉力の3つに関しては現実に起こっている事象であり、日々の業務のなかでも実感できるため、比較的捉えやすい力である（もちろん、将来的にどう変化していくかという点には注意する必要はあるが）。

一方、代替品の脅威、新規参入者の脅威に関しては、将来起こる事象であり、推測すら困難な場合が少なくない。

しかし、情報に対する感度を上げて、幅広い事柄に対して日ごろから注意を払い、分析する習慣を身につけておけば、様々な脅威を認識できるようになり、日々の業務の改善にも大いに役立つはずだ。こうした5つの力の分析は「**5F**（Five Forces）**分析**」と呼ばれている。

Case

「トヨタの敵」はどこか？――代替品、新規参入業者の脅威

●現在の自動車業界

「自動車と言えば、アメリカのビッグ3（GM、フォード、クライスラー）」と言われた時代ははるか昔のことであり、今となっては「本当にそんな時代があったのか？」とまで感じてしまう。

一方、現在、トヨタ自動車（以下、トヨタ）を筆頭に、日本の自動車メーカーの業績は好調だ。また近年、トヨタと熾烈なトップ争いを繰り広げているドイツのフォルクスワーゲン（VW）は一時、排ガス偽装問題で苦境に立たされていたものの、そうした影響は一時的なものであった。

●5年後の自動車業界

では、5年後の自動車業界はどのようになっているのだろうか？

家電業界などを参考に、中国やインドなどの新興国勢が大きな存在感を示していると考える人も多いだろう。しかし、例えば2009年にインドのタタ自動車から10万ルピー（約

20万円）を下回る価格で発売された〝ナノ〟は、当時、「自動車業界を一変させる」と騒がれたが、実際の販売は順調には推移していない。こうした状況を勘案すれば、自動車業界における新興国勢の影響力拡大には依然として大きな壁が存在しているとも考えられる。

●10年後の自動車業界

10年後の自動車業界はどうだろうか？

おそらく近年、注目を集めている「自動運転」が広く普及していることだろう。自動車の世界では、これまでも〝プリウス〟に代表されるエンジンとモーターを動力とするハイブリッド車や電気自動車、さらには水素を燃料とする自動車など、数多くの「**イノベーション**」が生まれているが、この自動運転というイノベーションは、自動車業界の構図を一変させる可能性がある。

●「自動運転」の脅威

なぜなら、自動運転というイノベーションは、既存の自動車メーカーに深刻な代替品の脅威および新規参入者の脅威をもたらす可能性があるからだ。

まず、代替品の脅威に関しては、自動車が現在の自動車ではなくなる、言い換えれば、自動車が「本当の自動車」になってしまうということだ。つまり、これまでは自動車とはいえ、人間が運転（操作）する仕組みになっているが、完全な自動運転になると、人間の制御が不要となる。客観的に捉えれば便利になってよいと思われるが、自動車メーカーは素直にそうした事実を受け入れられないだろう。

と言うのは、人間の制御がまったく不要になると、運転の楽しさが消え、自動車を保有する喜びがなくなるため、誰もメーカーや商品のブランドに対してこだわらなくなるからだ。つまり、どの自動車メーカーも大きな利益を上げることが難しくなってしまう可能性がある。

例えば、現在、一部の大家族を除けば、ほとんどの消費者は、本当は軽自動車で十分に事は足りているはずだが、自動車というモノにある程度のこだわりを持ち、多少高くても「このメーカーの、この商品がいい」と考えて購入している。しかし、自動運転のクルマが一般化した場合、こうした消費者のこだわりが薄れてしまう可能性が高い。

また、自動運転で重要となる技術は、クルマ自体に付随するものではなく、自動運転を支える地図情報や位置情報などの情報システムとなる。そうなれば、世界で最も多くの情報を保有するグーグルが自動車業界に新規参入することは容易に想像でき、実際すでに本格的な実証実験を行なっている。

●既存の自動車メーカーとグーグル

グーグルは、既存の自動車メーカーにとって極めて厄介な存在となるだろう。現在、公表されている自動運転に対応したコンセプトカーを比較すると、自動車メーカーではハンドルが付いているのに対して、グーグルではハンドルすらない。

こうした違いは、自動車本体の魅力を何とか残したい自動車メーカーと、自動車自体にはまったく執着がなく、効率的な自動運転のシステムのみに注力できるグーグルという基本的な「立ち位置の差」を表しているように思われる。

かつてパソコンの世界で大きな利益を獲得したのは基本ソフト（ＯＳ）を支配するマイクロソフトであり、一方でＩＢＭなどパソコン（ハード）メーカーは大きな収益を上げることが困難になった。自動車業界が同じような状況に陥らないために、自動車メーカー各社がやるべきことは何だろうか？

過去の事例を参考にするならば、大きな変化の到来を遅らせたり、なるべく変化を小さく留めようと抵抗するよりは、積極的に変化の波に乗っていくことが成功の確率を高めるようだが、既存の自動車メーカーがどれほど大胆な決断をスピーディーに下すことができるかどうか、大変興味深いポイントである。

◎自社の強みと弱みを分析する

先ほど説明したPEST分析、3C、5Fといった外部環境分析に加え、自社の強みと弱みも明確にしなければならない。競合他社や業界標準と比べて優れている、もしくは劣っているカネ、ノウハウ、工場、流通、顧客、原材料、技術、販売網などの経営資源を中心に1つひとつ丁寧に検証していくことが求められる。

自社の強みの検討においては、例えばC・K・プラハラードとゲイリー・ハメルの「**コア・コンピタンス**」という概念を参考にしてもよい。コア・コンピタンスとは、顧客に自社ならではの価値を提供するための中核的能力である。

コア・コンピタンスと関連し、J・B・バーニーは競争優位性の創出につながる企業内における経営資源や組織能力を分析するフレームワークとして、「**VRIO分析**」を提唱した。VRIO分析は、下の図に示すように、**経済価値**（Value：脅威への対応

■VRIO分析

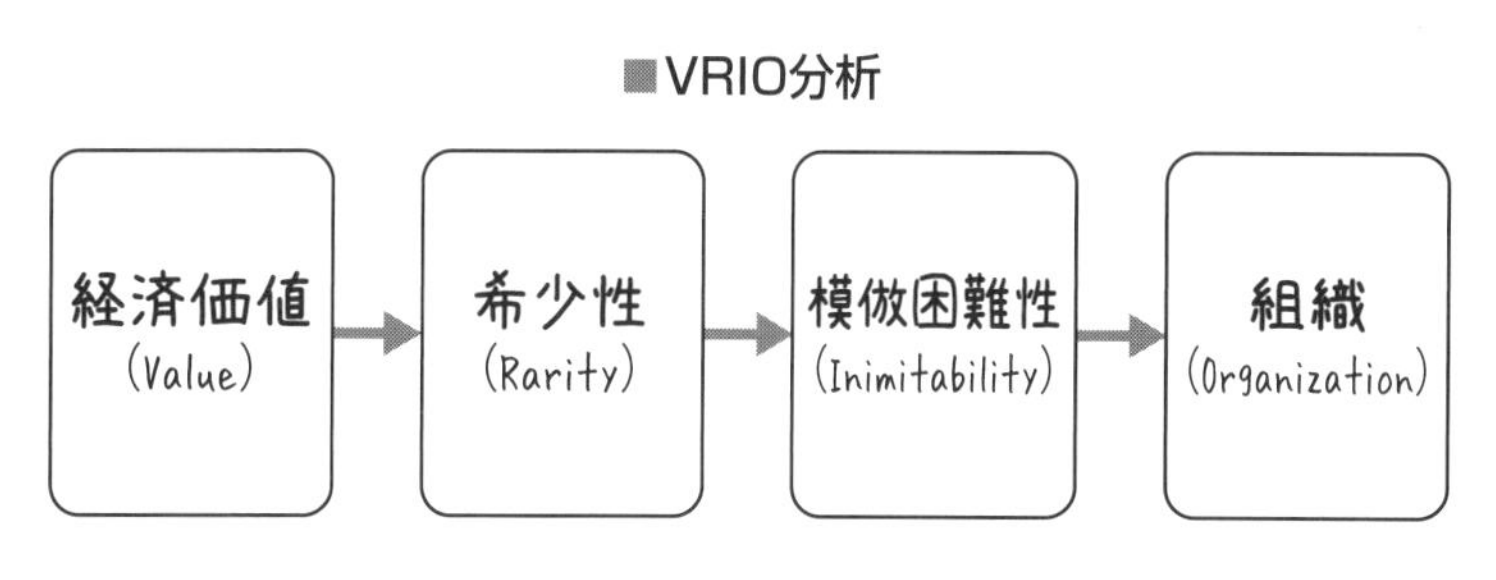

や機会の活用につながる）、**希少性**（Rarity：多くの競合他社が保持していない）、**模倣困難性**（Inimitability：簡単には模倣できない）、**組織**（Organization：経営資源を活かす組織体制や仕組み）という4つのポイントから構成されており、内部環境分析に大いに活用できるだろう。

◎「自社を取り巻く機会・脅威」×「自社の強み・弱み」——SWOT分析

ここまで述べた外部環境分析と内部環境分析をしっかり実施した後に行なうべき次のステップは、これらを融合して検討することである。

具体的には、自社の**強み**（Strong）、**弱み**（Weak）と、外部環境における**機会**（Opportunity）、**脅威**（Threat）を勘案して、自社にフィットした大きな方針を決定していく。こうした手法は4つの頭文字をとり、「**SWOT分析**」と呼ばれる（次ページの図参照）。

この分析を踏まえ、「大きな機会に対して、自社の強みを最大限に活かす、攻めの方針」「逆に、大きな脅威に対して自社の強みで守る」「従来、自社にとって弱みであった部分を大きな機会に向けて強みとなるように強化していく」といったパターンでの活用が考えら

■SWOT分析

自社の	強み（Strong）	弱み（Weak）
外部環境における	機会（Opportunity）	脅威（Threat）

れる。

このSWOT分析を行なうときに重要となるポイントは、まずできる限り、幅広い視点から、より多くの項目を抽出することである。また、それぞれの項目に対して深く考察し、より明確化および特定化していく必要がある。

こうしたことを流れ作業的にお決まりのパターンでやってしまうと、競合他社とは異なる、より自社にフィットした方針は抽出されない。なぜなら、同規模の競合他社と概ね似たような項目が並び、その結果、他社と同質化した方針となってしまうからだ。そうなると、似たような商品やサービスしか誕生せず、お決まりの不毛な低価格競争に巻き込まれてしまう。

それを回避するためには、競合他社を圧倒するような差をつくることを意識して、全力を上げてマーケティング戦略の前提となる大きな方針づくりに取り組まなければならない。

そのためには、次ページの図に示したマイケル・ポーターが提唱した**「競争優位を生み出す3つの競争戦略：コスト・リーダー**

■ポーターの競争戦略とコトラーの競争地位戦略

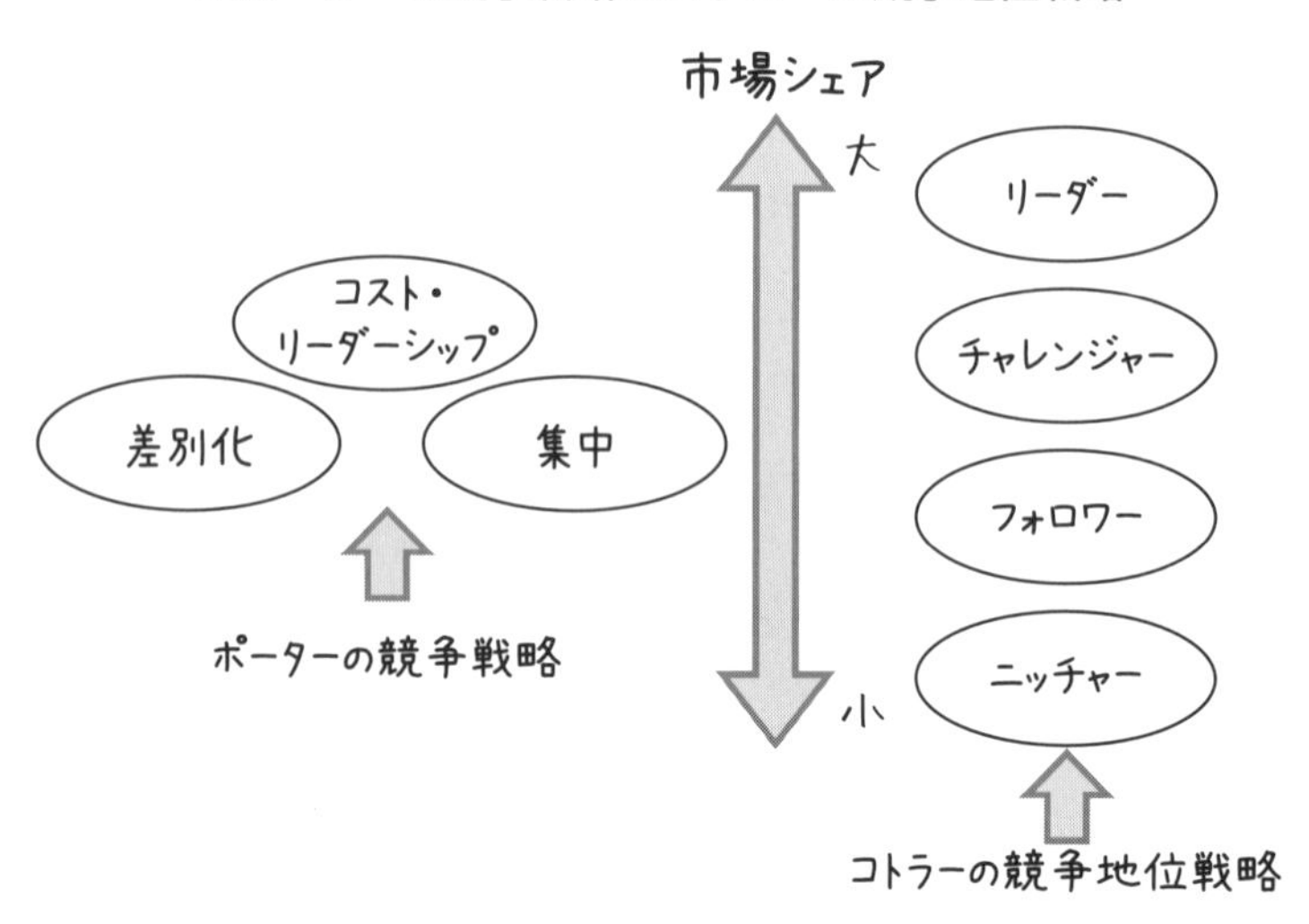

シップ戦略（低価格販売によるシェア拡大）、**差別化戦略**（商品やサービスなどでの明確な差づくり）、**集中戦略**（特定の市場への経営資源の集中）」や、フィリップ・コトラーが提唱した「**競争地位戦略**（市場シェアの規模に応じた戦略）：**リーダー**（市場全体の拡大および自社のシェア維持・拡大）、**チャレンジャー**（リーダーを中心とした競合他社への攻撃）、**フォロワー**（基本的にはリーダーに追随）、**ニッチャー**（特定市場への専門化）」などを正しく理解し、自社のポジションを踏まえ、採用するべき戦略について検討することも重要だろう。

もちろん、このようなセオリーにただ従うだけではなく、そのセオリーを十分に理解したうえで、「セオリーに従う」「セオリーを乗り越える」「あえてセオリーの逆を行く」といった選択を行なって、競合他社との差づくりに注力する必要がある。

◎誰にどう位置づけるか？——STP

新たに展開すべき商品やサービスに関わる大きな方向性が決まった後に行なうべきことは、「**顧客の決定**」である。これも極めて重要な作業だ。なぜなら、マーケティングの目的は、「**顧客満足の最大化**」だからである。

もちろん、老若男女を問わず、多くの人のニーズが一致している商品やサービスもあるだろう。例えば、アップルの〝iフォン〟、トヨタの〝プリウス〟などは性別や年齢を問わず、多くの人から支持されている。

その一方で、アパレルや食品などをはじめ、多くの商品やサービスに対して好みは人それぞれであり、こうした商品群やサービス群のほうが圧倒的に多い。もちろん、究極のパターンは各個人のニーズに合わせてカスタマイズすることだが、そのような場合、一般の人が許容できる価格を大きく上回ってしまうのが常だ。この点を踏まえると、採算ベース

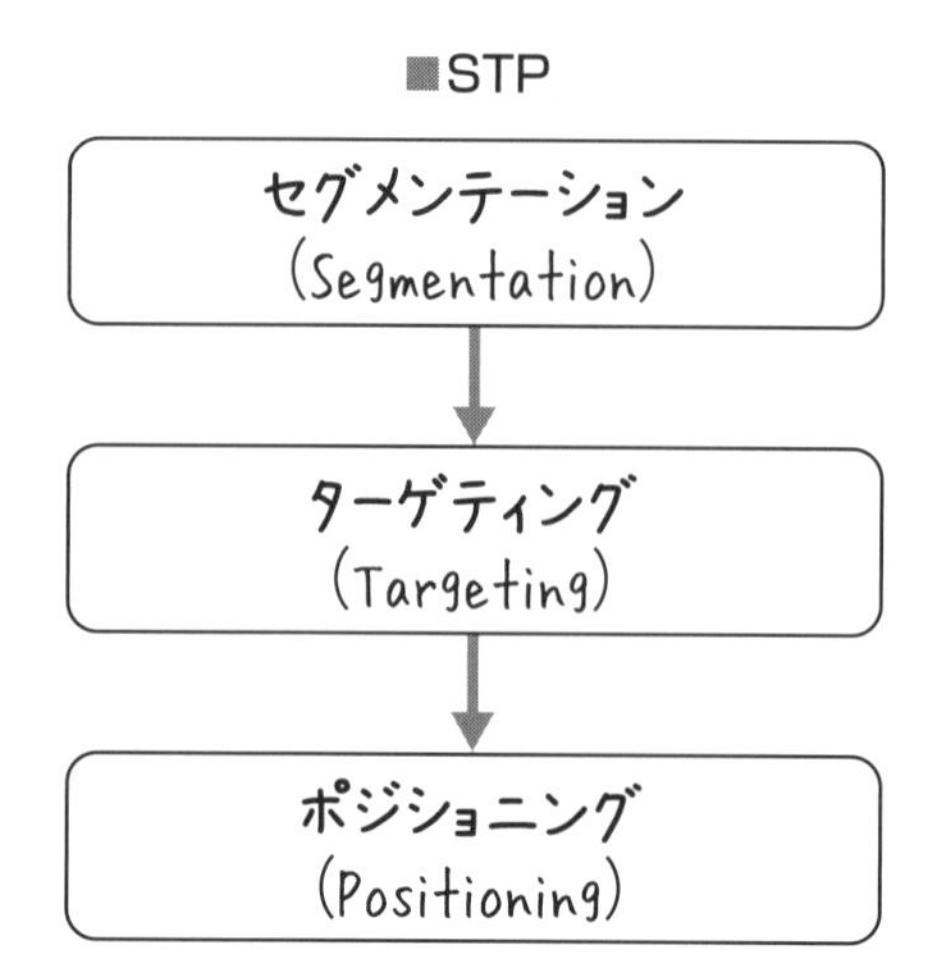

に乗る規模以上の顧客群をターゲットにする必要がある。

そのためには、まず、**顧客を分類**（Segmentation）しなければいけない。顧客を分類するときによく用いられる変数には、年齢、性別、家族構成、所得、学歴、職業といった人口統計学的（デモグラフィック）変数がある。また、価値観、ライフスタイル、パーソナリティなどに基づく、心理学的（サイコグラフィック）変数も有名である。

こうした顧客の分類を行なった後、**どの顧客群をターゲットとするか**（Targeting）、つまり「顧客の決定」を行なうわけである。

さらに、同様の顧客群を対象とする競合他社の商品やサービスがすでに市場で多数存在していることは珍しくはなく、そのような市場で、

自社の商品やサービスをどのように位置づけるか（Positioning）ということが重要となる。
こうした市場の分類、顧客の決定、位置づけはそれぞれの頭文字をとり、「**STP**」（前ページの図参照）と呼ばれる。

もちろん、ある程度の市場規模になるものの、競合他社の商品やサービスが存在しない顧客群を見つけることができれば、ポジショニングをする必要もなく、いわゆる「**ブルーオーシャン**（競争のない穏やかな海のような市場）」で優雅に大儲けという可能性もないわけではない。

Case

イヤホンなのに、「音」へのこだわりを捨てる？――「STP」の勝利

「イヤホンの新商品について、何かよいアイデアは？」と聞かれたとき、皆さんはまず、どのようなSTPを思い浮かべるだろうか？

●音にこだわるイヤホンのオンパレード

現代の市場では、各社から様々なイヤホンが市場に投入されている。最も多いイヤホン

の商品群は様々な技術を応用し、高音質を謳うものである。

　また、クラシックやアニメソング専用にチューニングされたイヤホンや、電車内でほかの乗客への音漏れを気にする必要がない骨伝導式のイヤホンも数多く売り出されている。ちなみに、骨伝導式は難聴予防といったメリットもある。

　さらに、究極のイヤホンと呼べるのが、ソニーの子会社であるソニーエンジニアリングが2015年に発売した〝Just ear XJE-MH1〟である。このイヤホンは、一人ひとりの耳の形状に合わせて最適な音質を実現するテイラーメイド（オーダーメイド）となっている。受注時に耳の型を取り、使用環境や好みの音楽に応じて、音質も調整されるという、こだわりぶりである。ただし、市場価格は30万円前後（当時）とかなり割高になっている。受注生産で世界に1台だけのイヤホンとなるので、このような価格になってしまっても仕方がないだろう。

　このように多岐にわたるイヤホンが存在するが、ここまでで紹介した事例には、共通するポイントがある。それは、すべて「音」にこだわっているという点だ。つまり、これらのイヤホンはすべて「音」に注目し、市場（顧客）の分類、ターゲット顧客層の決定、商品のポジショニングが行なわれている。「イヤホンなのだから、音にこだわるのは当たり前だ」という意見もあるだろう。しかし、すでに各社がこれだけこだわっている「音」の部分に新たに切り込んでいき、競合他社との差別化を図ることは至難の業である。

●女性向けイヤホンがヒットした理由

ずいぶん昔になるが、筆者がマーケティング研究の視点で注目したイヤホンがある。それは、エレコムが発売した女性向けイヤホンである。

考えてみると、女性だけが対象となる一部の商品を除けば、世の中の商品の多くは男性用につくられているものが多いのが現状ではないだろうか。例えば、パソコンも、発売当時は黒やグレーといった色が多かったような気がするし、イヤホンも同様のイメージがある。

こうしたなか、エレコムは女性にターゲットを絞り、さらにエレガント、カジュアルなど、ファッションに対する嗜好に基づいて分類したうえで、デザインや色、柄などをそれぞれのタイプに適合させたイヤホンを開発している。つまり、「イヤホンと言えば『音』」という**常識から離れ、独自に市場のセグメントを分析したうえで、ターゲットを抽出し、独自のポジショニングを行なった**わけである。

こうしたイヤホンは、単に商品（product）における差別化の実現に留まらない。通常のイヤホンは、家電量販店などで販売されるが、エレコムの女性向けイヤホンは女性客の利用の多い雑貨屋などでも販売された。

以前、筆者はイヤホンを購入しようと家電量販店を訪れた際、通路両面の大きな棚を覆い尽くす無数のイヤホンに圧倒され、選ぶことが面倒になり、結局何も買わずに帰った経験がある。しかし、雑貨屋でイヤホンが並ぶことは珍しく、競合する商品は極めて少ない。つまり、流通（place）での差別化も実現させているわけだ。

プロモーションに関しては、イヤホンはそれほど市場規模が大きくないため、マスメディアでの広告展開は現実的ではない。しかし、女性向けイヤホンは、そのユニークでわかりやすい特徴から、当時、多くのメディアでニュースとして取り上げられた。その結果、大きな宣伝効果を得ることができた。

価格に関しても、音にこだわるような技術開発と比較して投資額は小さかったため、リーズナブルな価格で気軽に買える商品として多くの消費者に受け入れられた。

商品開発というと、機能を中心に競合他社との差を考えがちだ。しかし、それに加えて、流通での差なども組み合わせると、他社との差をより明確にすることができる。

◎顧客を満足させる「商品・価格・流通・プロモーション」の有機的な組み合わせ——4P（マーケティング・ミックス）

組織として大きな方針（戦略）が決まり、新たな商品やサービスをどういった顧客に対して、どのように位置づけていくかが決まれば、いよいよ具体的にどういう商品やサービスを開発し、市場に投入していくかについて検討する段階に入る。

この段階における重要なポイントは、対象とする**顧客群の満足度を最大化させるための要素を有機的に結合させる**ということだ。通常、こうした時点では、「どういった商品を展開するか？」についつい注目しがちである。もちろん、それも大事な問題だが、機能性の高い商品であっても、もしくは素晴らしいデザインの商品であっても、あまりにも価格が高い場合、購入をためらう消費者が多く出てきてしまう。

また、素晴らしい商品、リーズナブルな価格であっても、そうした商品が市場に投入されていること自体を知らなければ誰も買えないため、広告や宣伝活動が重要になる。とはいえ、例えば高校生を対象とした商品に対して新聞で広告を打つことは、新聞を読む高校生が少ない現状では得策とは言えず、インターネット上で広告を打つほうが宣伝効果は高い。

■４Ｐ

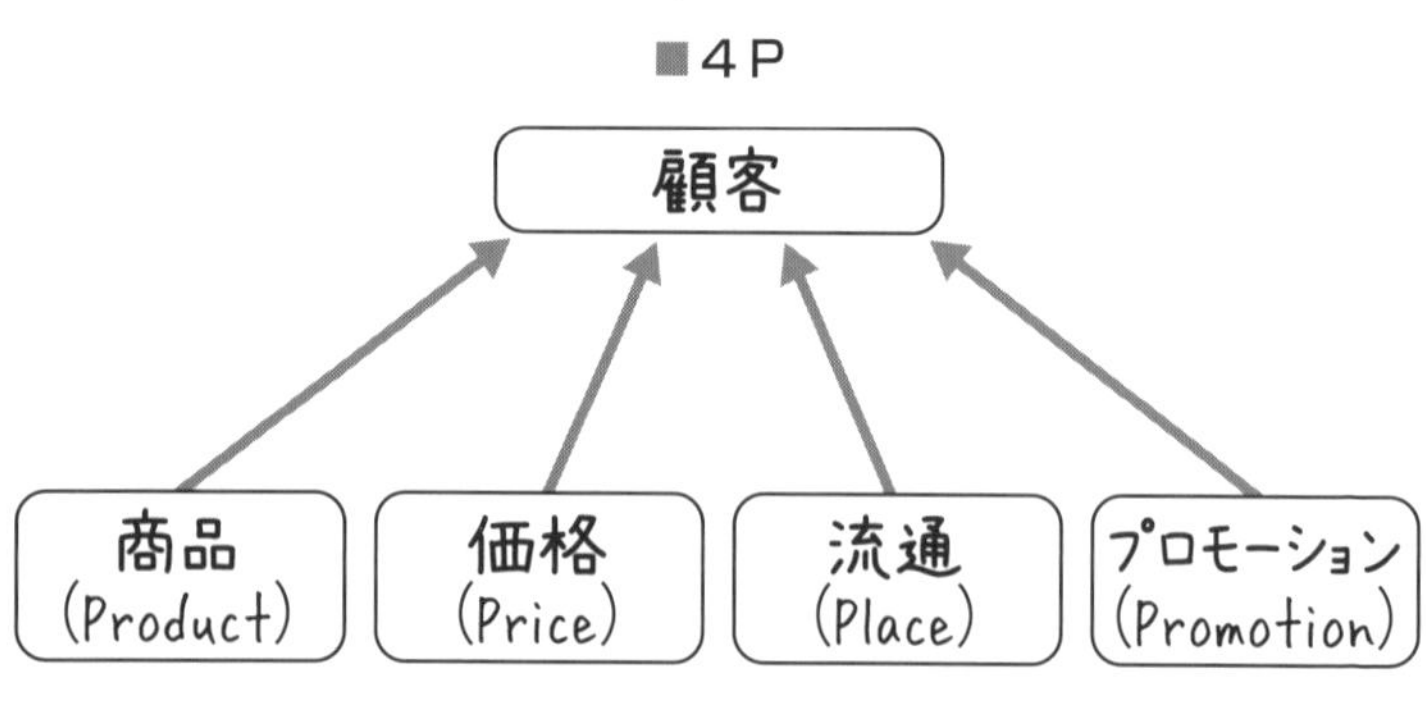

売り場についていては、同じ食品であっても、大容量のモノはスーパーが、小容量のモノはコンビニ（コンビニエンスストア）が適している場合が多いだろう。顧客群に注目すれば、主婦向けならスーパーが、高校生向けならコンビニのほうが売り場として適しているだろう。

このように、対象とする顧客に対して、上の図に示したように、顧客満足を最大化させる**商品**（Product）、**価格**（Price）、**流通**（Place）、**プロモーション**（Promotion）をセットにして提供しなければならない。こうした4つの要素は、それぞれの頭文字を合わせて、「**４Ｐ**」と呼ばれている。

◎商品（Product）

商品は、幅広い概念である。フィリップ・コトラーは、

■商品の3つのレベル

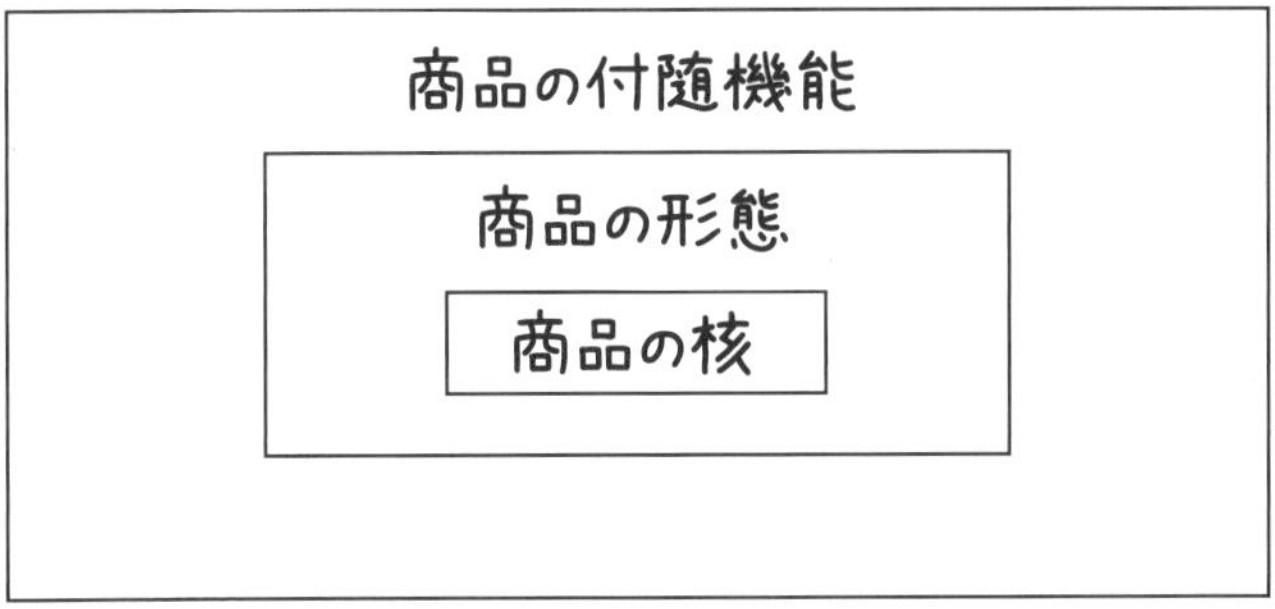

商品の付随機能
商品の形態
商品の核

上の図に示したように、商品を3つのレベルで捉えており、まず、「**商品の核**」として、「中核となるベネフィット（便益）とサービス」を指摘している。顧客は、「ドリルではなく、ドリルによって開けられる穴を買う」（セオドア・レビット）や「化粧品ではなく、希望を買う」といった、たとえは有名である。

2つ目のレベルは、「商品の核」を取り巻く「**商品の形態**」である。具体的には、特徴、スタイル、ブランド名、パッケージ、品質水準などがあげられる。

3つ目のレベルは、「商品の形態」を取り巻く「**商品の付随機能**」であり、取り付け、アフターサービス、保証、配達、信用供与などがあげられる。

また、実際の開発における代表的な商品開発プロセスには、次ページに示したように、**アイデアの探索・創出**（何を商品化するか、というアイデアの頭出し）→**スクリーニング**（アイデアの実現可能性の検討）→**市場調査**

■伝統的な商品開発プロセス

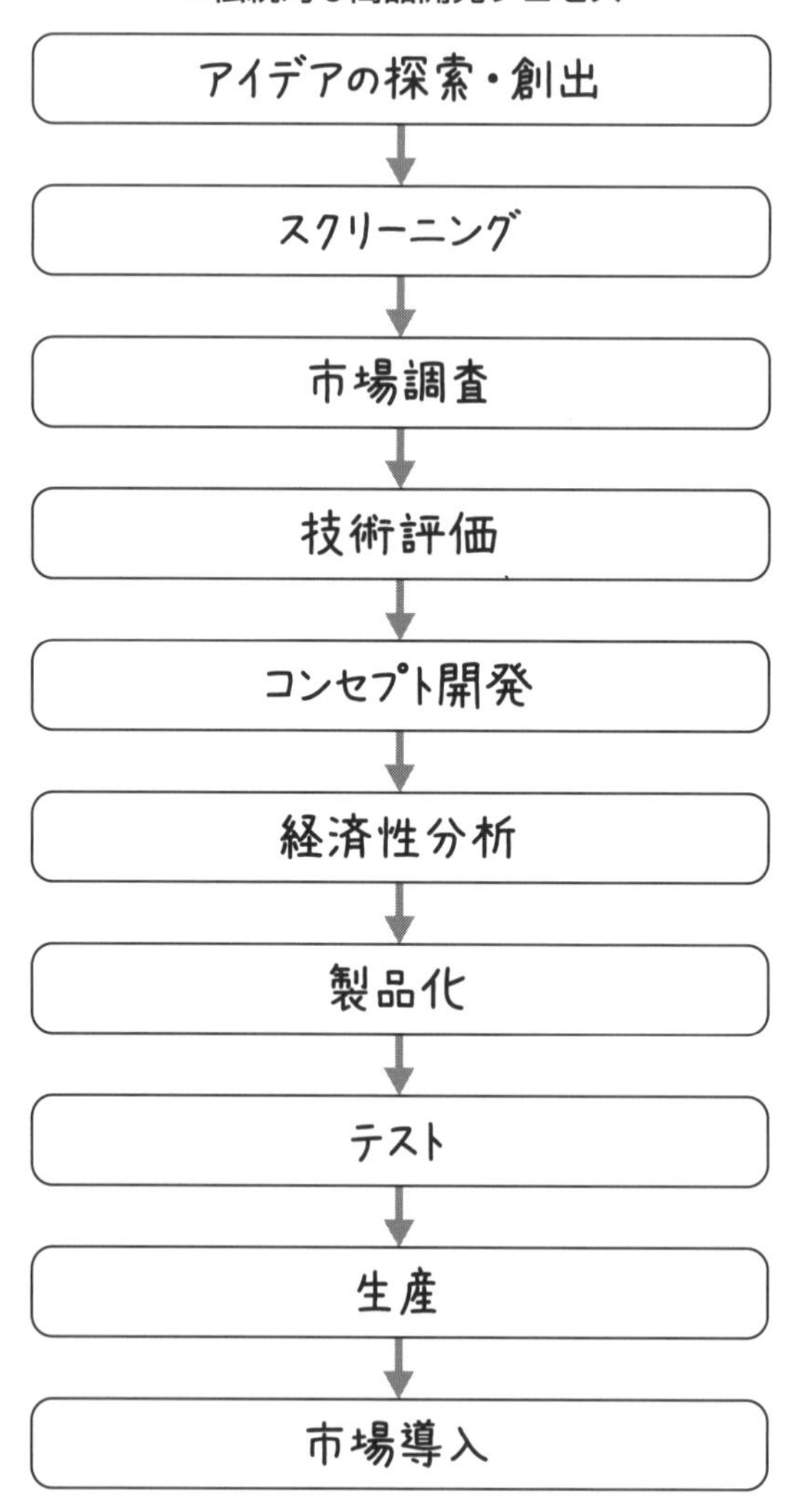

（消費者アンケートなどによる、売れるかどうかを判断するといった市場性の検討）→**技術評価**（実際につくれるのかどうかを判断するなどの技術的な検討）→**コンセプト開発**（商品の具体的なイメージの決定）→**経済性分析**（事業としての採算性の検討）→**製品化**（試作品やサンプルの開発）→**テスト**（サンプル配布や限定販売などによる消費者ニーズの再検証）→**生産**（量産体制の構築と生産）→**市場導入**（一般市場での販売）がある。

Case

あえて自社で完結させないコラボ商品「おにぎり茶漬け」
――商品開発時の「発想の転換」

食品大手メーカー・永谷園の社員の一員として、新商品を開発することになったと仮定した場合、よいアイデアが何か思い浮かぶだろうか？

永谷園と言えば、〝お茶づけ海苔〟に代表される、お茶づけの素を思い浮かべる人も多いだろう。そこで、新しいお茶づけを開発しようというアイデアが出てくるかもしれない。

では、どのような形態でお茶づけを提供すればよいだろうか？

例えば、カップにお茶づけの素とご飯を入れて販売し、消費者はお湯を注ぐだけで屋外でも気軽に食べることができる商品も面白いかもしれない。

●多様化するニーズへの対応

では次に、具材は何にするべきか？

定番とも言える梅、鮭から始めるべきかもしれないし、若者をターゲットとして、エビマヨや鶏のから揚げなど、新たなジャンルに挑戦するのも面白いかもしれない。しかし、個人のニーズの多様化が叫ばれる昨今、どのような味がヒットするのかを検討して決定することは難しい意思決定になるだろう。

コンビニでの販売を想定すると、限られた棚に数多くのラインアップを並べることは現実的ではないため、絞り込んだ開発が必要になるはずだ。

また、ご飯は、どのように提供するべきだろうか？　フリーズドライもよいかもしれないし、〝サトウのごはん〟（サトウ食品）のような無菌包装タイプ（無菌米飯）での提供も可能だろう。しかし、このような商品を開発するとなると、検討すべき課題は多く、技術的な調査や実験も不可欠だ。さらに、実際に製造するとなると、設備投資にもかなりのコストが必要になる。

ご存じの方もいるとは思うが、永谷園は２００５年９月から〝ご飯付きのカップ茶づけ〟を販売している。具材は鮭、梅、天ぷらの３つの種類が用意されている。ご飯はフリーズドライではなく、無菌米飯となっている。メーカー希望小売価格で税抜２６５円（発売当時）、賞味期間は6カ月である。

●意表をついた「カップおにぎり茶づけ」

このカップ茶づけを、さらに魅力的な商品にするアイデアが何かあるだろうか？

2015年3月、永谷園は〝カップおにぎり茶づけ〟を発売した。名前から連想すると、ご飯の代わりにおにぎりが入っているような印象を多くの人が抱くと思うが、実際には、おにぎりは入っておらず、カップにはお茶づけの素が入っているだけだ。肝心のおにぎりはコンビニなどの店舗で別途購入し、それをカップに入れてお茶づけの素をかけ、お湯を入れて食べるようになっている。

筆者は、こうしたコンセプトに大変感心した。まず、カップにお茶づけの素だけが入っている商品の場合、2005年に発売された〝ご飯付きのカップ茶づけ〟と比較すると、開発に関わる設備投資や時間といったコストが大幅に削減できたことだろう。また、ご飯に関して、近年、技術の進化に伴い、無菌米飯の味はよくなっているものの、それでも店頭で販売されているおにぎりと比較すれば、鮮度をはじめ味は劣る。とりわけ、コンビニのおにぎりの種類は豊富で、消費者は様々な味のお茶づけを試すことができる。メーカー側にとっても種類を増やす必要がないということは、製造や流通、在庫管理などの面で有利に作用する。さらに、コンビニなど店舗においても陳列スペースの最小化、自店のおにぎりに対する販促ツールとしての活用など、大きなメリットがある。

この〝カップおにぎり茶づけ〟のメーカー希望小売価格は83円（発売当時）で、おにぎりと合わせても〝ご飯付きのカップ茶づけ〟よりずいぶん安く、賞味期間は18カ月と3倍の長さになっている。自社で完結させず他社の商品のおにぎりと組み合わせるという「**発想の転換**」により、消費者はもちろん、流通業者にとっても、従来の商品より格段に魅力的な商品になっていると言えるだろう。

◎価格（Price）

価格の設定には、大きく分けて3つの方法がある。「**コスト（原価）に基づく設定方法**」「**需要、つまり顧客が知覚する価値に基づく設定方法**」「**実勢価格（実際の取引が成立する価格）などの競争に基づく設定方法**」である。

コストに利潤を乗せる方法や、顧客が買ってくれる価格に合わせた商品を投入する方法の場合、自社主導で適正な利益を確保することが比較的容易に実現するが、競合他社との兼ね合いで価格が設定される場合には、適正な利益の確保を困難にする低価格競争に突入してしまうリスクがある。このような競争に基づく価格設定を避けるための、価格以外の3つの要素（商品、流通、プロモーション）の整備は重要な課題である。

とはいえ、4Pのなかでも、数字で表される価格は、とりわけ消費者に対して明確なシグナルとなり、消費者に対して正にしろ負にしろ、大きな影響を与えるため、注意が必要な要素である。

Case

価格の恐ろしさ――アパホテルの「日本型レベニュー・マネジメント」

円安の影響を受け、近年、訪日外国人の数は飛躍的に増加している。2011年には約620万人だったのに対し、2017年には約2870万人と、4倍以上の伸びとなっている。最近は少なくなってきたようだが、「爆買い」に代表されるように、こうした訪日外国人の動向が日本経済にプラスの影響を与えていることは間違いない。

しかし、よいことがあれば悪いこともあるというのが世の常である。例えば、ホテル不足は、訪日外国人の増加に伴う最も深刻な問題の1つと言えるだろう。筆者も東京出張のためにホテルを予約する際、以前と比較してホテルの価格の相場がずいぶん高くなったと感じるし、そもそも空いているホテルを探すことすら困難な場合がよくある。そのため、都内のホテルをあきらめざるを得ない事態に陥ってしまうことが少なくない。

●アパホテルの価格戦略

こうしたホテルの値上げに関連して、インターネットや雑誌などのメディアで大きく取り上げられているのがアパホテルだ。その内容は概ね、「普段は1万円もしない部屋が週末や大雪などの天候により、3万円程度にまで引き上げられる。部屋もサービスも同じなのに、3倍という価格差は大きすぎる。3万円は一流のシティホテルにも泊まれる価格だ」といった消費者からの批判的な意見である。

皆さんは、アパホテルの価格戦略に対して、どのように思われるだろうか?

こうした価格戦略は、一般には「**レベニュー・マネジメント**」もしくは「**イールド・マネジメント**」と呼ばれている。直訳すると「**収益管理**」となるが、収益の最大化を目指して当初の需要予測と現在の実績とを比較し、商品やサービスの供給量や価格を柔軟に変更する管理手法と捉えることができる。

ホテルの客室やレストランの客席、航空機の座席の数は通常、固定化されているため、こうした業界において価格を重視したアグレッシブなレベニュー・マネジメントが展開されること自体は必然の結果と言えるだろう。レベニュー・マネジメントと言われると、何か新しい手法のようにも感じてしまうが、クリスマスやお正月の特別料金など、日本においても古くから一般的な料金体系として存在しているものだ。

ところが、ＩＴの進展を受け、様々な情報を迅速に収集・処理・発信できるようになり、また多くの業界で競争が激化しているといった背景のもと、きめ細かく、かつ大胆なレベニュー・マネジメントが一般化してきている。例えば、ホテルの場合、同じ平日でも月曜日は安く、さらに、その価格は最も高い金曜日など休前日の半額といったケースもよく見かける。

アパホテルの場合、通常、上限は正規料金の１・８倍と決められており、価格の上げ下げの裁量は各ホテルの支配人に与えられているようだ。言い換えれば、稼働率×平均客室単価を最大化させることが各支配人の腕の見せどころとなるわけである。

一方、同じく大手のビジネスホテル・チェーンの東横インなどでは、あまり大きな価格差は見受けられない。レベニュー・マネジメントの積極的な導入に関しては、各ホテルチェーンでまちまちの状況である。

●レベニュー・マネジメントのメリットとデメリット

こうしたレベニュー・マネジメントのメリットとして、「**利益の最大化**」があげられる。周囲のホテルがすべて満室という状況では、空室を確保できているホテルの客に対する立場は圧倒的に強く、通常の2倍の粗利を稼ぐこともたやすい状況となるだろう。逆に、通常料金ではホテルの空室を埋められないとわかっている場合は、たとえ半額に設定してでも空室を埋めたほうが、利益に貢献するわけだ。

一方、レベニュー・マネジメントには、当然ながらデメリットも存在する。まず、周囲のホテルの需給状況などを常に監視し、小まめに価格を修正するには大変な手間がかかる。これは間違いなくコストだ。また、周囲のホテルが満室という状況のなか、高価格での販売を狙う場合、事前に予約を受け付ける余地（空室）はあっても、早い段階の事前予約を受け付けずに、ギリギリまで空室のままキープしなければならない。最悪の場合、最後まで予約が入らず空室のまま終わってしまうケースも少なくはないだろう。

さらに深刻なデメリットは、ホテルの評判、ブランドへの悪影響だ。アパホテルは、駅近でリーズナブルな価格といったイメージをこれまで多くの客に与えてきたが、積極的なレベニュー・マネジメントによる価格のアップダウンの激しさは、こうしたイメージを損なうだろう。今まで事前にほかのホテルとの価格比較などしなかった常連客が、日常的にそのような行動をとるようになれば、これはアパホテルにとって大打撃となる。

●日本型レベニュー・マネジメントの可能性

このアパホテルのレベニュー・マネジメントは当然ながら、違法行為ではなく、利益の最大化に向けた正しい行動という見方もできる。筆者は以前からホテル予約サイトで、カプセルホテルやシティホテルを除けば、どのホテルも満室の状況で、アパホテルだけ空室があるという場面に幾度も遭遇した。もちろん、価格はもはやビジネスホテルとは言えないレベルであった。けれども、何ら嫌悪感を抱くことなく、むしろ「アパホテル、すごいな」と感心していたほどだ。とはいえ、前述のとおり、実際にこうしたアパホテルの価格に対して批判的な人は少なくない。

通常、企業にとって最も重要な事項となる「**事業の継続**」を実現するためには、顧客満足の最大化が重要になってくることは言うまでもない。こうした立場に立てば、徹底的に利益重視を貫くレベニュー・マネジメントの実践には工夫の余地があるのかもしれない。

例えば、部屋自体を修正することは極めて難しいが、何かしらのサービスを新たに追加すれば（たとえ、それが値上げ分の10％程度であっても）、とりあえず「特別に扱ってくれた」「誠意は感じた」などというように、不満がやや軽減する場合があるのではないだろうか？

この「やや軽減」というところが、不満が大きく拡散するか否かの重要なポイントとなる。

このアパホテルの事例を見ると、欧米を中心に広く行なわれてきたレベニュー・マネジメントは、比較的ドライであると考えられる欧米人に対してはうまくいっても、細かいことが気になる、また心情が意思決定に大きな影響を与える日本人に対しては、何らかのカスタマイゼーションが重要になってくることを教えてくれる。

流通（Place）

流通という言葉は漠然としていて捉えにくいかもしれないが、要は「**顧客にどのように商品やサービスを届けるか**」ということである。ここで整理すべきポイントは、「**流通チャネル（経路）の長さと幅**」である。

まず、流通チャネルを長さの順に並べると、最も短いチャネルは自社による消費者への直売（0段階）、次に小売業者のみ経由（1段階）、続いて1つの卸売業者と小売業者（2段階）を経由と、だんだん長くなり、これらのなかから自社の商品に適した段階を選択することになる。仮に、0段階を選択しても、さらに直営店、通信販売、訪問販売といったパターンを決定しなければならない。一般的には、卸売業者と小売業者を経由する2段階以上のチャネルが圧倒的に多いが、インターネットの進展により、現代では低コストでの0段階チャネルの選択・運用も可能になってきている。

また、流通チャネルの幅に関しては、「**開放的チャネル**」「**排他的チャネル**」「**選択的チャネル**」のいずれの政策を選択するのかが問題となる。一般の食品や日用品のような最寄品（購買頻度が高く消費者が時間をかけずに購入するような商品）の場合は、できるだけ多くの流通業者に取り扱ってもらうことを志向する開放的チャネル政策を採用するケースが多い。

一方、自動車や高級ブランド品の場合は、代理店や特約店のみでの販売に限定する排他的チャネル政策を採用するケースが目立っている。こうした場合、流通業者の販売へのモチベーションは高まり、さらに、メーカーによるブランドイメージや価格などのコントロールが行ないやすい。ちなみに、選択的チャネル政策は、開放的チャネルと排他的チャネルの中間に位置するような政策である。

「**販売エリアの決定**」も、流通について検討する際に重要なポイントとなる。インターネットおよび物流網の整備によって、現代では中小企業でも比較的容易に海外市場への販売が可能となっている。むしろ、多くの商品において市場が縮小しつつある日本に所在する企業の場合、これまで以上に海外市場での販売が重要となってくるだろう。

コトラーは、流通チャネルを「生産者の商品やサービスと消費者とのギャップを克服するものである」と大きく捉えており、調査、プロモーション、接触、適合、交渉、物流、財務、リスク負担といった機能があると指摘している。こうしたポイントを1つひとつ検討・整備していくことも、競合他社よりも高い顧客満足の獲得に有益に作用するはずだ。

Case

中小企業の海外展開——瀬尾製作所の「雨どい」の流通チャネルを考える

ビジネスの世界では、例えば、「景気が悪いから」「客が買ってくれないから」「ブランド力がないから」「中小企業だから」「特に、この地域は調子が悪いから」といった、売れないことに対する言い訳が多い。

とりわけ、近年では、「地方は疲弊している」という声がよく聞こえてくる。こうした風潮を受け、「地方創生」なるものが高らかに掲げられ、担当大臣まで設置されている。もちろん、地方が元気になる重要性に関して筆者も異存はないものの、実際に行なわれているプレミアム商品券などの施策を見ると、単なる与党の票稼ぎと言われても仕方がないだろう。
また、不振にあえぐ中小企業のなかには、「大手企業が仕事を回してくれないから」といった言い訳をするところもある。たしかに、長きにわたり、大手企業とお互い助け合いながら日本の経済成長を支えてきたかもしれないが、規模は小さくとも独立した一企業である限り、「○○が××してくれない」という言い訳は、経営者としてあまりにも情けない発言ではないだろうか。

その一方で、厳しい立場に置かれていると言われることが多い地方に所在する中小企業のなかにも、大いに儲かっている、もしくは少なくとも自分たちの力でそうなろうと努力している企業は数多く存在している。

●瀬尾製作所を取り巻く厳しい環境

富山県高岡市は、高岡銅器に代表されるように古くから金属加工が盛んな土地である。その高岡市に1935年に設立された金属加工メーカーが瀬尾製作所である。現在、従業員数は20名。長年にわたり銅器の部材、茶道具、仏具、建材などを扱ってきた。主として部品製造、もしくはOEM（相手先ブランド名での製造）を行なうビジネスを続けてきた。

しかし、瀬尾製作所を取り巻く近年の環境に注目すると、人口減少やライフスタイルの変化の影響を受け、茶道具や仏具などの国内市場は縮小し、しかも自社商品に比べて品質は劣るものの類似する部品や商品が、アジアを中心とする海外メーカーから輸入され始めた。その結果、顧客となるメーカーから厳しい値下げ要求を突きつけられるようになった。

こうした状況のなかで2008年、4代目の社長となる瀬尾良輔氏は東京での会社勤めを経験した後、家業を継ぎ、新たな取り組みに着手した。

●雨どいの海外販売

瀬尾製作所で製造している建材の1つに住宅用の雨どいがある。雨どいは、奈良時代にはすでに神社仏閣を中心に設置されており、以後、長きにわたり日本各地で使用されてきた。同社では、大手ハウスメーカーを中心に雨どいのOEM供給を行なってきたが、住宅様式の変化に伴い、大手メーカーの住宅モデルから雨どいは外されるようになり、売り上げは著しく低下していった。

ところが、事態を一転させる出来事が起きた。オーストラリアから雨どいに関する問い合わせが入ったのだ。当時、自社ホームページ（HP）において英語の記述などは一切なかったものの、HP上の雨どいの写真を見た顧客が英語で問い合わせてきた。これがきっかけとなり、瀬尾氏は「海外市場に商機があるのではないか」と考えるようになった。そして、英語のページをつくり（http://rainchainsjp.com/）、また海外市場を意識したデザインの商品を開発し、2010年ごろより本格的に海外市場への販売をスタートさせた。

すると、思いもよらないところから注文が殺到した。例えば、台湾の建築家が日本統治時代の建物をリノベーションするために購入したり、日本風の住宅が流行している韓国からも多くの注文が入った。

また、アメリカでは進駐軍が雨どいを持ち帰り、その後、徐々に広まり、現在では日本の10～20倍程度の市場規模になっている。アメリカ市場ではインド産などの安価な雨どいが数多く流通しているが、こだわりを持つユーザーも少なくはなく、そのようなユーザーが瀬尾製作所の製品を購入してくれている。

日本と海外市場の相違に注目すると、日本国内では工務店をはじめプロユーザーからの注文が8割、一般消費者からは2割であるのに対して、DIY（自分でモノをつくること）が盛んな欧米からの注文は一般消費者の割合が日本よりもかなり高い。海外市場における消費者の商品へのニーズに関しては、装飾を凝らした「いかにも日本的」といった感じのデザインよりも、国内市場同様、シンプルなデザインの商品に人気が集まっている。

今では、瀬尾製作所の雨どいの海外販売比率は17％を占める水準にまで成長してきている。

●雨どいの海外販売における課題

しかし、好調に推移している瀬尾製作所の雨どいの海外販売にも課題はある。それは何だろうか？

まず、流通の問題があげられる。商品がニッチであるため、リアルでの流通経路の構築が難しく、現在は主として自社のＨＰ経由で販売している。そのため、喫緊の課題は自社ＨＰの検索サイトにおける検索ランキングを上位に上げることである。

また、アマゾンや楽天市場などの通販サイトで販売することも選択肢としては考えられるが、手数料が発生するという問題に加え、そのようなサイトでは、価格のみで競合他社の商品と比較される場合が多いため、海外メーカーが出品する低価格の商品に勝つことは難しいかもしれない。この点を克服するためには、単に商品を掲載するだけではなく、「**価格が高い理由**」**をしっかりと顧客に理解してもらえる取り組み**が重要となる。

一方、このような課題をしっかり認識しつつも、他社商品を含めた顧客ニーズの収集などマーケティングリサーチ的な意味合いを含めて、アマゾンなどで販売するという試みは瀬尾製作所にとって有益かもしれない。

また、商品のＰＲに関しては、瀬尾製作所の商品の特性や企業規模からしても、マスメディアを活用した広告を展開することは得策ではない。そのため、広告よりも費用対効果のよい展示会への出展に積極的に取り組んでいる。展示会への出店の効果は大きく、流通業者や工務店へのPRはもちろんのこと、建築士から高い関心を得て設計図などにスペックイン（設備としての組み込み）されるケースが目立っている。近年では、大手ハウスメーカーの設計が多様化してきており、高級モデルの住宅に採用されるなど、問い合わせも増えてきている。

こうした状況を踏まえ、将来は海外の展示会にも出展していきたいという意向を持っているが、1回の出展だけでは単なる打ち上げ花火に終わってしまい、大きな効果が期待できない。そこで2回、3回と継続的に出展していくべきだろうが、例えば1回の出展に300万円かかるとすると、3回で約900万円の出展費用が必要となるため、中小企業が取り組むプロモーション費としては負担が大きいことも事実だ。

この点を考慮し、まずインターネット販売で安定した売り上げを確保し、その後、海外を含めた展示会への出展、さらにはリアル流通網の整備などといった青写真が、瀬尾製作所内では描かれている。

◎プロモーション（Promotion）

プロモーションには、広告（テレビ、新聞などのマスメディア、インターネットなど）、販売促進（クーポン、キャッシュバック、サンプル、コンテスト、ＰＯＰなど）、広報（ニュースや記事など）、人的販売（販売員や営業担当者）など、様々なものが含まれる。

これらをバラバラにではなく、有機的に連携させながら計画・実践する「**プロモーション・ミックス**」が重要となる。さらに、製品のスタイル、パッケージ、価格、店舗なども消費者に対して強力な情報発信力を持つため、それらの要素と組み合わせたマーケティング・ミックス全体の調整も効果的なプロモーションを展開するうえで重要なポイントとなる。

また、開発した商品やサービスが今まで世の中になかった斬新なモノの場合と、既存の商品やサービスをリニューアルした場合とでは、メッセージを受ける側の消費者の心理はまったく異なる。したがって、例えば「そもそも知らない」「知ってはいるが興味はない」「欲しいとは思わない」「購買を迷っている」といった、それぞれの消費者の心理状況に合わせて、プロモーションの内容を変更しなければならない。

メッセージに対する消費者の反応プロセスに関して、ローランド・ホールが提唱した「**A**

IDMAモデル」を参考にすると捉えやすい。このモデルでは、左の図に示したように、**注意**（**Attention**）→**興味**（**Interest**）→**欲求**（**Desire**）→**記憶**（**Memory**）→**行動**（**Action**）の流れになっている。

そのほか、**提示→注目→理解→同意→記憶→行動**という消費者の反応プロセスもある。こうした消費者の反応に注意を払いながら、それぞれの段階にフィットしたプロモーション・ミックスを展開する必要がある。

さらに、プロモーション・ミックスの前提となる大きな方針には、「**プッシュ戦略**」と「**プル戦略**」がある。メーカーがリベートなどを用いて卸売業者に自社の商品を強力に売

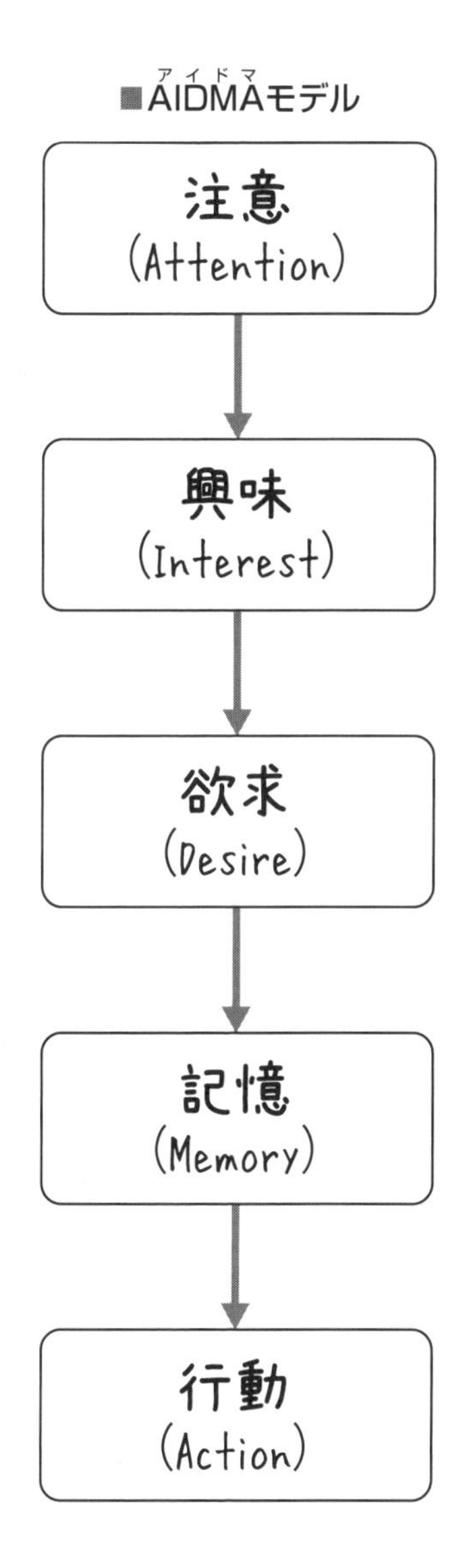

り込み、卸売業者は小売業者へ、小売業者は消費者へ売り込んでいくのがプッシュ戦略である。一方、プル戦略は、メーカーが広告などにより消費者の需要を喚起し、消費者にそのメーカーの商品を指名買いさせることを狙う戦略である。こうした戦略に合わせて、プロモーション・ミックスを検討する必要がある。

加えて、現代ではインターネット、特にSNSがプロモーションにも大きな影響を与えており、とりわけ以前は家族や友人・知人関係レベルの狭い範囲に限定されていた口コミが大きな影響力を持つようになっている。口コミは直接的に企業がマネジメントできるものではないが、口コミを意識したプロモーションの展開は今後ますます重要となるだろう。

Case

楽天の「したたかなプロモーション戦略」を考える

「楽天が国内初となるドローンを利用したサービスを2016年5月9日より実施」というニュースが大きく取り上げられ、筆者も興味津々で記事に目を通した。

楽天によるドローンを利用したサービスと聞くと、インターネット上の楽天のショッピングモールで注文した商品がドローンによって自宅に送られてくるものだと、誰もが想像するだろう。

しかし実際は、ゴルフ場でプレーヤーがスマートフォンで注文した飲料やボールが、コース上までドローンによって運ばれてくるというサービスであった。

こうしたドローンによるサービス内容は、個人的にはいささか期待外れという印象であったが、「楽天がアマゾンに先駆けて、国内初となるドローン・サービスを実用化」という事実を世に知らしめた広報施策の視点で捉えると、その「したたかさ」に大いに学ぶべきだと感心した。

●ドローンのニュース・バリューの活用

近年、ドローンに対する注目度は高く、さらに〝国内初〟のフレーズが加われば、ニュース・バリュー（インパクト）がいかに高くなるかは容易に想像がつく。しかし、法整備の問題を別にしても、個別の家庭にドローンで配達するとなると、実際には技術的な問題に加えて、安全面など数多くの難題が待ち受けており、実用化にはまだまだ時間がかかる。

一方、先ほど紹介したようなゴルフ場でのサービスなら、私有地の範囲で、ビルなどの障害物はなく、人も少ないため、技術や安全面において、街中とは比較にならないほどハードルは下がる。よくぞ、ここまでハードルの低い立地やサービス内容を楽天は見つけ出したものだ。

本来、こうしたサービス内容であれば、実験段階として扱うのが常だと思われるが、これを国内初のサービスとして大々的にアピールする楽天に恐れ入る次第である。

日本企業の多くがアピール下手と言われるが、その要因の1つは、世間に注目されるメリットとデメリットを天秤にかけ、万が一のリスクを過大に意識してしまう保守的な傾向が強いからだと考えられる。

例えば、このドローンを利用したサービスでも、ゴルフ場でドローンが強風にあおられて落下し、たまたまプレイヤーに当たってしまうなどの事故が発生する可能性はゼロではない。そのような事故が起こった場合、実験段階ということならば、致命的な問題には発展しない可能性が高い。しかし、「ドローン・サービス実験開始」というようにアピールしても、そのニュース・バリューはそれほど大きくはなく、新聞などで大々的に取り上げられることはないだろう。

このように、**リスクよりも広報的価値を重視した大胆なプロモーション戦略**は、創業者が強力に組織を引っ張る企業ならではという気がする。

こうした広報的価値に加えて、実際に客からお金をもらってサービスを実施するとなると、単なる実験とは異なり、多くの課題を含む情報の収集が可能となり、今後のサービス改善にも有益に活用できる。当然のことながら、競合他社よりも早くサービスを始めれば、蓄積される情報量は他社よりも大きくなるわけだ。

●インパクトを与えるためにはリスクを覚悟する

プロモーションに長けている日本の代表的な企業と言えば、多くの人がサントリーを思い浮かべるのではないだろうか？

古くはアニメーションのペンギンをメインキャラクターとし、松田聖子のテーマ曲によって社会的ブームとなったビールのCM、近年でも〝伊右衛門〟やリチャード・ギアを抜擢した〝オランジーナ〟などのCMは、大きなインパクトを視聴者に与えている。

他社の事例では、ソフトバンクモバイルのCMに登場するお父さん犬なども好評を博しているし、日清食品の〝カップヌードル〟のCMは長年にわたり、多くの人を楽しませている。

こうしたインパクトの強いCMなどのプロモーションを展開する企業の特徴の1つとして、創業者が第一線で活躍している企業、あるいは同族経営の企業であるという点が指摘できる。

様々な情報が飛び交う現代において、誰からも文句を言われない、優等生的な広告では誰の心にも響かず、強いインパクトを与えるには多少のクレームは覚悟してでも何が何でも視聴者を驚かせるといった気概が必要となるが、多くのサラリーマン社長にはこうした気概が欠落しているのではないだろうか？

これは広告に限定されず、経営全般において言えることだろう。

実際、筆者は残念に思うが、カップヌードルのCM「OBAKA's UNIVERSITY」はクレームにより放送中止となってしまったし、ソフトバンクモバイルにも、お父さん犬が登場するCMに対して動物愛護団体などから多くの批判的な意見が寄せられているのではないかと推測される。こうしたリスクは当初より予想されていたはずだが、日清食品やソフトバンクモバイルは、インパクトの強い広告を実現させることを何よりも優先して決断したのだろう。

このように、リスクを引き受け、大々的にアピールしていくという姿勢は、多くの日本企業にとって、競合他社と明確に差別化されたプロモーションを展開する際の参考になるはずだ。

セオリーを超える「プレミアム商品」のマーケティング

脱「安売り」思考——プレミアム意識改革

筆者はここ10年余り、プレミアム商品の研究に取り組んでいる。と言っても、いわゆるブランド品といった高級品（ラグジュアリー）に限定せず、プレミアムビールや食パンやシャンプーなど、一般的な商品より2〜3割くらい高価格にもかかわらず、ある程度の販売量を確保している「**マス・プレミアム商品**」をも対象としている。

こうしたプレミアム商品の研究を通して、痛切に感じることは、元気いっぱい高く売って儲けている企業が存在する一方で、ほとんどの企業は「**高く売る**」ことに挑戦すらすることなく、安易な安売りに流れて、低価格競争に陥っていることである。ポイント3となる本項では、プレミアム商品に取り組む際に重要となるポイントについて説明していく。

企業がプレミアム商品に取り組むうえで、何よりもまず重要となることは、「高ければ売れない」「逆に安ければ何とかなるだろう」という呪縛から解放されることだ。実際に、多くの企業は、次のような妄想にとりつかれているのではないだろうか？筆者の見解を交えて、整理していく。

Q デフレで高いものは売れない？

✖ 一般の商品よりも高価格であるにもかかわらず、シェアトップなど、好調な売り上げを維持するプレミアム商品は数多く存在している。これらを特殊なケースだと思ってしまったら、もう何も始まらない。

▼デフレは関係ない！

Q 買ったとしても、一部のお金持ち？

✖ 「自分のこだわりがあるものなら、価格が多少高くても購入しますか？」というアンケートに富裕層では85％が、また一般層においても70％がイエスと回答している。つまり、プレミアム商品は一部のお金持ち相手にしか成立しないビジネスではない。

▼誰もが顧客になり得る！

Q ✖ 売れるとしても一部の嗜好品?

こだわりを持って購入する商品に関する消費者へのアンケートでは、電化製品70%、衣料品、車・バイク、インテリア製品、時計・高級文具では60%前後となっており、強いこだわり傾向が確認できるが、日用雑貨でさえも30%以上の消費者はこだわると回答している。つまり、一部の嗜好品に限らず、幅広い商品群において、消費者のこだわり傾向にうまく応えることができれば、より高く売れる可能性は十分にある。

▼どんな商品にも必ずチャンスはある!

Q ✖ プレミアム商品を売るには自社にブランドがないとダメ?

皆さんも自らの購買行動を振り返れば納得できると思うが、商品購入において消費者が重視するポイントは、「品質のよさ」(94・3%)、「機能性の高さ」(87・8%)、「デザインのよさ」(82・6%)と、プロダクトに直接的に関係する項目がトップ3となっている。一方、その重要性がしきりに強調されるブランドに関わる項目「つくっている企業が有名であること」は35%程度であり、ブランドを過大視しすぎる危険性を十分に認識する必要がある。ちなみに、「商品の希少性を重視する」は32%程度にすぎない。

そもそも、消費者の好き・嫌いといった情緒に大きく依存するブランドを構築する確固たる手法は存在しない。唯一の王道は、顧客が驚くほどのよい商品、つまり圧倒的に**「機能的価値」**の高い商品を世に送り続けることだろう。

強いブランドをまったく確立できていない中小企業からも、多くのプレミアム商品が誕生し、成功している例が確認できる。そもそも、現在、どんなに強いブランドを確立できている企業であっても、最初はゼロから始まっているわけだ。また、そうした企業でも、ブランドを確立できていないことを言い訳にして安売りから始め、その後に徐々に高価格にシフトしていったわけではない。

▼「ブランド」は関係ない！

Q 開発するための資金や人材などに余裕がない？

✖ まず、〝プレミアム商品の開発＝「研究開発費もプレミアムになる」〟という方程式が必ずしも正しくないのは明白だ。それでも、例えば、中小企業の場合、潤沢な資金や人材を擁する大手企業とは事情が異なるという意見もあるだろう。

しかしながら、量産体制を構築するならともかく、その前の開発や試作に本当にそれほど多額の資金と人材が必要なのだろうか？

例えば、日本ビクターのＶＨＳビデオの開発は、企業側から何の支援も受けず、三人の技術者による極秘プロジェクトとしてスタートし、その後、同社に巨額の富をもたらしている。また、中小企業においても、社長一人の奮闘で革新的な商品が誕生している例はいくらでもある。

すでに企業として存在している場合、ある程度の設備や人材は確保されており（現在の経済事情では、むしろ余剰の場合が多いのではないか？）、いかようにでも工夫できるはずだ。

▼資金や人材の側面は、プレミアム商品開発において絶対必要条件ではない！

Q 開発してもマスメディアを活用した大々的な広告を打つ余裕がない？

✖ 余裕があれば、もちろんマスメディアを活用し、大々的に広告を打てばよいだろう。しかし、テレビを中心としたマス広告は、短時間に直感的な印象を与えることに長けた媒体であり、価格が高い理由をしっかりと消費者に説明しなければならないプレミアム商品のプロモーションとしては有効に機能しない場合も少なくはないだろう。

自社ＨＰにわかりやすく丁寧な説明を掲載したり、流通業者にその価値を十分に認めてもらい、店頭で特別なコーナーを設置してもらったり、ＰＯＰによる商品の特徴に関わる情報提供などを行なったりするほうが、よほど効果的ではないだろうか。

また、革新的な価値をしっかりと保持していれば、お金を支払わずとも、記事として新聞やテレビで取り上げられる機会も出てくるはずだ。実際、現代の消費者に対しては、こうしたパブリシティのほうが断然、効果的である。

▼マス広告は絶対必要条件ではない！

Q たとえ、品質にこだわっても、どうせ消費者にはわからない？

✖ こう考えている方に1つ質問したい。F1のマシンとトラック、高品質なのはどちらか？　答えは極めて明瞭だ。消費者が速く走りたければF1のマシン、大量の荷物を運びたければトラックとなる。つまり、品質とは消費者のニーズをどれだけ満たせるかという尺度であり、当然のことながら、品質のよし悪しを決めるのは消費者である。もちろん、つくり手のプロ意識や誇りは大切にすべき重要なものだろうが、商品の品質の最終的な価値判断は消費者に委ねられることを肝に銘じなければならない。

▼「品質」は最終的には消費者が決める！

Q やはり、薄利多売に勝るものはない？

✖ 1つの商品を大量に販売することができるなら、薄利多売が有効に機能する可能性は高いかもしれない。しかし、よく言われるように、消費者のニーズが多様化する現代において、競合が少なく、かつ大きな市場を見つけるのはなかなか難しいのが現実だろう。仮に、うまくいったとしても、競合他社が見逃すはずはなく、類似商品があっという間に世の中に溢れ、熾烈な低価格競争に陥ってしまうことは容易に想像できる。また、規模の戦いでは、やはり資金も人材も豊富な大手企業が有利な立場となることも事実だろう。

安い商品で勝負に出る際には、大きな市場に向けた販売以外に選択肢はない。しかしながら、プレミアム商品の場合、仮にマス市場の10分の1、さらには100分の1の規模であっても十分にビジネスとして成立する可能性は少なくない。

例えば、女性用の下着に対する消費者ニーズでは、胸を大きく見せたいというニーズが高い一方で、逆に小さく見せたいというニーズも1割程度は存在しており、この1割に着目した下着メーカーが実際に商品化したところ、販売が好調に推移し、競争相手もいなかったため、適正な利益を確保できている事例もある。

▼小さな市場でも十分にチャンスはある!

このように、プレミアム商品の着手（高く売ること）に対して、消極的になる要因の正当性は完全に否定できる。よって、思考のスイッチを完全に切り替え、プレミアム商品（サービス）に挑戦することを筆者は強く推奨したい。

現在、薄利多売で順調に利益を確保できている企業にも是非、試験的でも構わないので、プレミアム商品にチャレンジしてもらえればと思う。なぜなら、これまで薄利多売でうまくやってこられたとしても、現在、日本においては、少子高齢化に伴い多くの市場が横ばい、もしくは微減傾向となっているからだ。今後、こうした負の流れが加速することは間違いなく、競争はますます激化するだろう。

さらに、新興国企業の本格的な日本進出が追い打ちをかけ、従来のやり方では多くの日本企業が生き残れなくなるはずだ。プレミアム商品やサービスへの取り組みを今後の生き残り戦略の有効なオプションの1つとして検討するべきだろう。

◎プレミアムのマーケティング・ミックス――超4P＝1P＋3P

プレミアム商品やサービスに挑戦する際も、もちろん原理原則（マーケティングの基本）

■超４Ｐ（プレミアム商品のマーケティング・ミックス）

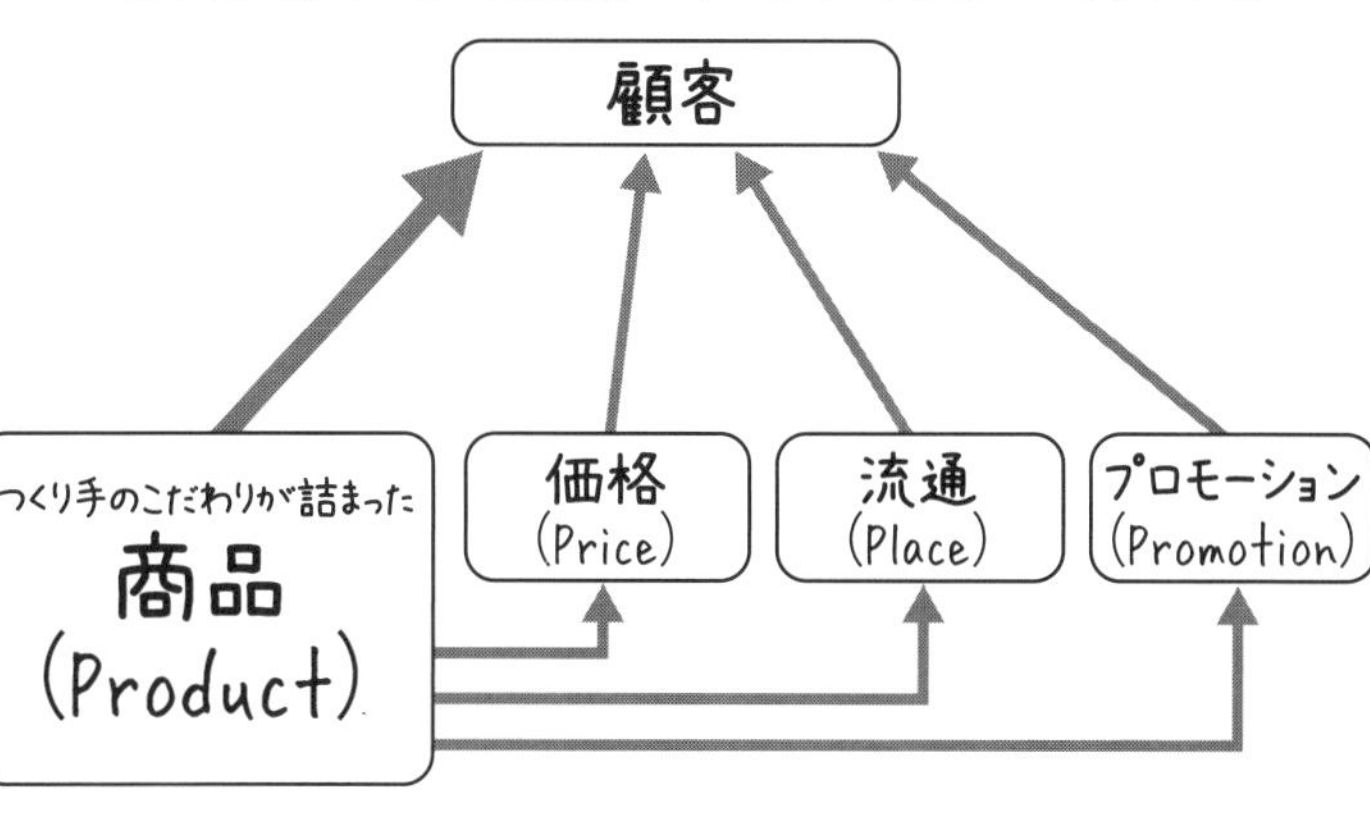

は大切であり、ポイント２の「マーケティングの原理原則」では、４Ｐに関して教科書的な整理を行なった（61〜88ページ）。

しかしながら、これらは行なうべき規範を示しただけであり、競合他社も同様の取り組みを行なってくることは明白である。

もちろん、徹底して幅広く、深く、検討および実践することによって、競合他社との差が生まれる可能性はあるが、まったく異なる視点で捉えることも重要である。

どのような選択をするかは、個別の企業の状況に応じて異なるが、より自社にフィットするものを採用することが何よりも重要であり、さらには、こうしたことを参考材料にして自社に合った独自の視点や枠組を構築できれば、競合他社を圧倒するような「差」が生まれる可能性は高まる。

ここでは、筆者のプレミアム研究における企業へのインタビュー、消費者へのアンケートなどから得た知見より、高級品に限定されず、競争優位性の創出により低価格競争を回避している商品の4Pを「**超4P**」と定義し、解説を加えていく。

超4Pの基本的な要諦は、何より圧倒的な機能的価値を持つ、**つくり手のこだわりの詰まった商品**を開発することである（前ページの図参照）。価格の設定に関しては「**そろばんは後で弾く**（後で何とか帳尻を合わせる）」、広告への投資は商品が明確に差別化されているため最小化できるものの、こだわりの内容を説明するための売り場づくりやPOPといったインストアプロモーションは重要となる。そのためには、小売業者と良好な関係を構築する必要がある。

つまり、超4Pは「商品だけでなく、4つのPすべてが重要で有機的に連動しなければならない」といった教科書的な4Pの基本とは大きく矛盾する内容となっている。では、超4Pの各要素を順に掘り下げていこう。

●超4Pの商品

顧客のニーズを重視した商品開発を行なえば、一般には顧客満足度の高い商品が生まれると考えられる。もちろん、これは素晴らしいことではあるが、見方を変えれば、顧客に媚びへつらった、よく見かける退屈な商品しか生まれないとも言える。

とはいえ、自社の技術などのシーズに徹底的にこだわり、開発しても、企業のエゴの固まりのような商品が生まれるだけで、単なる独りよがりに終わってしまう。

したがって、超４Ｐの商品開発時における重要なポイントは、まずしっかりと消費者を意識し、ニーズを理解したうえで、それを満たすというレベルではなく、そのニーズを土台として、それに関わるカテゴリーやベクトルを突き詰め、消費者の想定の範囲を大きく上回るレベルの商品を開発することにある。

マーケティングリサーチなどにより、消費者のニーズを明確化させたうえで、キーワードとも言える「**最高**」「**本物**」「**こだわり**」を追求し尽くして具現化させる。こうして完成した突き抜けた「**機能的価値**」を持つ商品は、消費者をあっと驚かせ、結果として「**情緒的価値**」の創出にもつながるだろう。

●超４Ｐの価格

世の中には価格競争力がなく、販売が順調に推移しない商品が数多くある。高級な原料や手間をかける製造工程などは、大きなコスト増を招き、必然的に設定される価格は高くなる。

とはいえ、まず市場に受け入れられる価格を見定めて、その範囲内で商品開発を行なってしまうと、概ね競合他社と大差のない商品しか生まれない。よって、まずはそろばんを弾かず、何の制約も設けず、こだわりの商品づくりに邁進する。商品が完成した後に、**何が何でも市場で受け入れられる価格内に押し込む**という気概が何よりも重要である。

一度、設定したプレミアム価格が消費者に受け入れられれば、その後、流通業者からの厳しい価格交渉を回避できるケースも多く、高く売るチャンスは十分にある。

●超4Pの流通

自社で小売まで担う直販体制のシステムであれば、たしかに、つくり手の思いやこだわりなどをフィルターを通すことなく、ダイレクトに顧客に伝えることができ、有利である。しかしながら、直販体制ではなくとも、営業力や資金力がなくとも、名もなき中小企業であっても、競合他社を圧倒する商品力によって、従来では考えられなかった一流百貨店との取引が実現している事例も数多く存在している。

こだわりの詰まった割高な価格の商品は当然のことながら、流通業者にとっても魅力的な商品となるため、必然的に注目が集まるようになり、店頭での特別なコーナーの設置など、ほかの商品よりも有利に事が運ぶケースが多々ある。

逆に言えば、こうした高価格なプレミアム商品では、こだわりの内容を説明する機会が必要であり、売り場における特別なコーナーの設置やPOPなどは大切な訴求ポイントとなるため、流通業者との深い関係性構築が一段と重要なテーマになる。

●超4Pのプロモーション

消費者への訴求やイメージづくりにおいて、広告などのプロモーションは大きな役割を果たす。

しかし、アピールするべきポイントに関して、説得力のある根拠がなければ効果的には作用しない。仮に、一時的にうまくいったとしても、その効果の継続はあり得ない。

逆に言えば、確固たるコンセプト、こだわりを持つ商品ならば、明確なメッセージを放つ広告が自然に打てるはずだ。

また、現代の賢い消費者には、お金では買えないパブリシティの効果は絶大だが、コンセプトが明確でこだわりを持つ商品やサービスならば、何もしなくとも新聞や雑誌、テレビなどで記事として大きく取り上げられる可能性は高い。逆説的に捉えれば、通常の広告以外ではメディアに取り上げられないような商品は、何らこだわりが感じられない魅力のない商品やサービスと言えるだろう。

つくり手のこだわりを顧客に価値があると認めさせることができれば、「**口コミ**」という強力なプロモーションが起動する可能性は高い。

情報通信技術が浸透した現代社会において、口コミは従来のような、ご近所さんや親しい友人までという狭い範囲に限定されず、計り知れない効果を生み出す場合も少なくはない。

Case

関わった人すべてが幸せになる「値づけ」
——「ロイヤルブルーティージャパン」の驚異的な高価格のお茶

いわゆる「アベノミクス効果」により、日本経済は株価こそある程度のレベルを維持しているが、デフレ基調に改善の兆しは未だ見受けられない。こうした状況において、多くの企業は低価格を重視した戦略を展開し続けている。

例えば、高い利便性の提供により、低価格競争を回避してきたコンビニ業界でも、業界トップのセブン‐イレブンに追随し、ローソンやファミリーマートも値引きを実施している。

一方、こうしたデフレ環境にもかかわらず、高い付加価値を提供することにより、低価格競争を回避している挑戦的な企業が存在していることも事実だ。高級茶を製造・販売しているロイヤルブルーティージャパン（以下、ＲＢＴＪ）をご存じだろうか？

同社のワインボトルに詰められたお茶は最低でも２８００円、ボリュームゾーン（最も売れる価格帯や普及価格帯）は５０００円程度という高価格にもかかわらず、好調な販売を維持している。厳しい市場環境において、ＲＢＴＪはいかなるマーケティング戦略を実行し、好調な業績を維持しているのだろうか？

●ＲＢＴＪの原点

ＲＢＴＪの歴史は、当時、グラフィックデザイナーであった吉本桂子氏（現社長）が客として、「茶聞香（ちゃもんこう）」を訪れたことから始まる。茶聞香とは、一流ホテルを対象に茶葉の卸売や消費者へのお茶のサーブに関するサービスといったコンサルティングなどを含む茶商を営んでいた佐藤節男氏（現会長）が主宰していたティースクールであり、そこでは青茶（烏龍茶）をはじめ、様々なお茶の作法を指南していた。ＲＢＴＪの起源は、この茶聞香にある。

吉本氏は地元の藤沢にお茶を楽しめるよい店があるという噂を聞き、普通の客として、この茶聞香を訪れた際、オーナーの佐藤氏にスカウトされた。

それから、吉本氏は茶聞香を手伝うようになり、１年で１万人の客にお茶を提供した。こうした経験を積むなかで、「様式」と「所作」という２つの点に彼女は疑問を抱くようになった。

まず、様式に関しては、デザイン性などがあまりにも現代の社会とはかけ離れているのではないか、という疑問であった。また、所作に関しては、あまりに面倒であり、お茶を飲むときの雰囲気はたしかに重要な要素ではあるものの、現代人が手軽に贅沢を楽しむことができないのではないか、という疑問であった。こうした疑問点に対して、単に商品や様式に留まらず、お茶の世界全体を新たにデザインし直したいと考えるようになった。

●RBTJの創業

そのようなとき、アントレプレナー（起業家）を支援する組織の関係者の目に留まり、「ビジネスとして本格化させるべきだ。ビジネスコンテストなどに積極的にエントリーしてみては？」という助言を受け、ビジネスとして**「お茶文化の変革」**を目指すことになる。

その後、「かわさき起業家オーディション」に応募する。このコンテストは審査を通じて、ビジネスプランをブラッシュアップさせるという特徴を持っている。吉本氏の当初のビジネスプランは、「ティーサロンと茶葉や茶器の物販を組み合わせたビジネス形態」「プロ向けにお茶の淹れ方を教える事業」「茶商として台湾などの高級茶葉を輸入販売する事業」「水出し高級茶を製造・販売するボトラーズ事業」の４つを組み合わせたものであった。

しかし、ある審査員から「**1つに絞るべき、1つがうまくいけば残り3つも後からついてくる**」という指摘を受け、誰も着手していなかった「水出し高級茶を製造・販売するボトラーズ事業」にビジネスプランを一本化した。なお、残り3つのプランは、すでに競合が存在している、参入障壁が低く模倣されやすいといった理由で却下することになった。

この点に関して、吉本氏は「いろいろな事業を幅広く手掛けたほうがリスクは減り、成功確率が上がるように考えがちだが、1つに絞る勇気がこれからのビジネスには必要だ」と指摘している。

また、コンテストの際にプランとして発表した商品の価格は2万円程度と、750ミリリットルのお茶の料金としては常識を超える高価格に設定していた。この点について、審査員をはじめ、多くの人から否定的な意見が上がったものの、事業化に向けて突き進んだ。こうした**覚悟や勇気**といったものも、高価格であるプレミアム商品の開発に取り組む前提として重要な要素になるだろう。

ちなみに、お茶をボトルに詰めるという試みは、お茶に何ら関わりのない吉本氏の弟のアイデアから生まれており、**第三者や素人の意見に、素直に耳を傾ける**ことの重要性を物語っている。

その後、一切の添加物を加えず、加熱もしない水出しのお茶という、誰もやったことのない唯一無二の商品の具現化に向けた取り組みに着手する。

当初はOEMでの調達を目指し、一切の添加物を加えず、加熱もしない水出しのお茶を製造してくれるメーカーを探したが、こうした製法はリスクが高く、お茶業界では常識外れであり、製造可能なメーカーを見つけられなかった。逆の視点で捉えれば、このような製法への挑戦は、素人であったがゆえに思いつくことができた発想とも言える。

そこで、自ら製造するための情報収集に入り、「HACCP」という管理手法（食中毒菌汚染や異物混入などの危害要因を除去または低減させるために特に重要な工程を管理し、製品の安全性を確保しようする衛生管理の手法）に基づけば可能ではないかという情報を入手し、HACCPの研修会に参加することになる。その会場が静岡であったため、お茶に携わるビジネスを営む多くの人との交流が生まれた。その交流のなかで吉本氏は、ペットボトルのお茶の普及に伴って、日本のお茶市場自体は8000億円程度にまで拡大してきているものの、そうした商品に上質な茶葉が使用されることはなく、安い価格の茶葉が取引されるだけで、しかもメーカーからの買い取り要求額はとても低いために、多くの茶農家は潤っていない、という事実を知ることになる。また、上質な茶葉の市場は、ペットボトルのお茶の影響により、むしろ縮小傾向となっていた。

こうした実態を知り、また農家からの要望もあり、吉本氏は当初、水出し高級茶に使用する茶葉として青茶などを中心に考えていたが、日本茶のボトル事業も検討するようになる。こうした紆余曲折を経た後、2006年にRBTJを創業し、「かわさき起業家オーディション」で優秀賞を獲得し、このビジネスプランを担保に川崎信用金庫から融資を受け、製造業へ転身する。

●RBTJのコンセプト

RBTJの創業当初のコンセプトは、「**高級品を高級店で！**」であった。日本のお茶に関する歴史をひも解くと、「堺の商人などが茶道具を売るため、茶文化を広めた」とあるように、言わば経済から茶文化がつくられてきたが、RBTJではその逆を行き、「最高においしいお茶で人々にレスト（癒しや安らぎ）を与える」という文化を広めることを第一の目的として、その目的を達成した後、自社の利益をはじめ、広くお茶に関わる経済を動かす、という流れを目指した。

また、商品の品質に関しては、同じ茶畑でも、よい茶葉がつくれる場所と、悪い茶葉しかつくれない場所があるなど、一口にお茶と言っても様々なレベルに分かれるが、RBTJは最高の場所で最高の人がつくった手摘み茶葉しか扱わない。

このようなコンセプトと取り組みによって、ピラミッドの頂点に位置する高級茶葉（手摘み茶）の市場を大きくできれば、その波及効果により茶葉市場全体が拡大し、茶農家も潤うというビジョンが描かれている。

ＲＢＴＪの体制に関して触れておくと、神奈川県藤沢市から茅ヶ崎市に移転し、新工場を竣工させている。現在のスタッフは製造関係６名をはじめ、計12名となっている。茶聞香を開き、吉本氏をスカウトした佐藤氏が代表取締役会長、吉本氏が代表取締役社長と、ツートップ体制で事業が行なわれている。二人の役割については、佐藤氏が売り上げ、人材、生産などに関わる数字の管理、吉本氏はＢＩ（ブランドアイデンティティ）やＣＩ（コーポレートアイデンティティ）を主に担当している。

●ＲＢＴＪの「超４Ｐ」

――商品

商品は、日本茶や青茶などのボトルドティーに加え、茶葉の販売も行なっている。売り上げの中心は、日本茶のボトルドティーだ。こうしたボトルドティーは手摘みの最高茶葉を３〜７日間かけて水出しにより抽出したものをワインボトルに詰めている。

添加剤不使用はもちろんのこと、本来のデリケートな味わいを損なわないように加熱殺菌も行なっていない。その代わりに茶飲料では史上初となる「フィルター濾過除菌」を採用している。この手法は高度な品質管理、技術力がなければ実現することはできず、すべての工程は手作業となっている。

例えば、ＲＢＴＪのプレミアム茶飲料〝MASA SUPER premium〟には、静岡県浜松市天竜区の太田昌孝氏の自然仕立ての茶畑で手摘みされた茶葉が使われている。この茶葉は、農林水産祭で天皇杯を受賞している。ラベルは書道家の武田双雲氏、商品箱を包む風呂敷の生地には伊勢神宮式年遷宮で奉納された友禅染が使われるという、こだわりぶりだ。

ＲＢＴＪは、茶葉の仕入先についても、「この土地の、この人」と決めている。具体的には、最高のお茶をつくっているという情報をもとに、ＲＢＴＪサイドから依頼する場合もあれば、逆に「最高の茶葉しか使わない」というＲＢＴＪの噂を聞きつけた農家サイドから売り込みを受ける場合もある。

茶葉の仕入先を検討および決定していく過程では、最高の品質の茶葉であることはもちろんのこと、たとえ小規模の農家であっても、今後さらによい茶葉をつくっていくという熱意や広がりを感じられることが重要になっている。こうした基準のため、仕入先を決めるのに長い年月がかかる場合も少なくない。

例えば、〝釜炒り緑茶ＩＲＫＡ妙香〟という商品の茶葉は、宮崎県五ヶ瀬の宮崎亮氏の農家から仕入れているが、もともと同農家はよい茶葉を生産していたものの、機械摘みであったため、手摘みに変更してもらう交渉が長期化し、仕入れの最終決定までに6年の歳月を要している。

ちなみに、RBTJでは、仕入れ価格はすべて茶農家の言い値で購入すると決めている。つまり、同社のコンセプトに掲げている「茶農家が潤う」価格が具現化されている。このような仕入れ方針は、「その代わり一切お茶づくりに妥協しないでほしい、さらによい茶葉を目指してほしい」という、茶農家に対する期待やプレッシャーの裏返しとも捉えられる。

お茶を詰めるボトルは、見た目のよさを意識したものと思われがちだが、空気が入りにくく、光も遮断できるという機能性の高さを理由に採用されている。なお、RBTJでは、自社のお茶を飲むときには、ワイングラスに注ぎ、香りを楽しんでから飲む方法を推奨している。

――プロモーション

飲食店などへの営業は基本的には、佐藤会長を中心としたトップセールス方式（経営トップ自らが営業する手法）を採用している。なぜなら、プレミアム商品の場合、自社の方針や商品のコンセプトなどをしっかりと相手に理解してもらう必要があるからだ。

また、食事をしながらロイヤルブルーティーを楽しむことができる機会として、「茶宴」

を開催し、その場には飲食店などで仕入れ決定権を持つ担当者2名を招いている。この方法は、一見、手間やコストがかかるやり方に思えるが、高価格なプレミアム商品であるために、商品をゆっくり味わってもらうことこそが重要であるという考え方に基づいている。しかも、費用対効果の面でも、この方法は極めて優れている。

なぜなら、契約決定率は概ね50%にも及び、たとえ諸事情により、契約に到らなかった場合でも、商品のよさを理解してくれた仕入れ担当者が他の顧客を紹介してくれる場合も多いためだ。しかも、一度採用されると、仕入れ担当者の異動などがあった場合を除けば、かなり高い確率で継続的に採用されている。加えて、他の店舗に異動した担当者が、異動先の店舗で新規に採用してくれるケースも少なくない。

また、顧客の飲食店に対する「この店でロイヤルブルーティーをいつも飲めるようにしてほしい」という要望により、飲食店サイドからの引き合いも多いようだ。ちなみに、一流レストランやホテルとの取引では、お茶としてのおいしさだけでなく、トップクラスの国際的な品質管理基準である「SGS-HACCP認証」をRBTJが取得している点も効果的に作用している。

流通

創業当初は資金的な余裕がなかったため、個人の消費者相手ではなく、飲食店やホテルを主たるターゲットにしてビジネスを始めた。

その後、飲食店でロイヤルブルーティーを飲んだ消費者がＳＮＳなどに好意的な感想を書き込み、拡散していくという口コミ効果で大きな話題となった。これをきっかけに、百貨店やネットを介した小売にも着手している。

現在のおおよその顧客の割合は、「卸売：小売＝１：１」となっており、さらに小売の半分はネット販売が占めている。

価格

ボトルドティーの価格は、最も安いダージリンでも２８００円、〝MASA Super premium（２０１６年完売）〟にいたっては30万円となっている。ちなみに、30万円という売価でも赤字のようだ。

さらに〝HOSHINO Super premium〟は、60万円となっている。なお、ボリュームゾーンの価格は５０００円程度である。

商品価格の決定に関しては、「当社は平和産業であり、平和維持価格です」という方針のもと行なわれている。

つまり、一般的には、高いと思われる価格ではあるが、「自社の商品にはその価値があるという自信」「自社、農家、消費者の誰も泣かない、みんなが幸せになるための正当な価格」というRBTJの熱い思いが込められている。

この点については、「本当の高級ブランドのビジネスモデルはみんながハッピーで誰も泣かない世界である」というRBTJ独特の考えが反映されているとも言えるだろう。参考までに、レストランなどで提供されるグラス1杯のRBTJのお茶の価格は1000～3000円程度となっている。レベルの高いワインと同程度の価格帯である。

Case

飽くなき「機能的価値」向上の取り組み
——高くても売れる「明治おいしい牛乳」の秘密

久しぶりに実家に戻り、近所のスーパーに行こうとした際、父親から牛乳を買ってくるように頼まれた。そのとき、〝明治おいしい牛乳〟と銘柄を指定されたので大変驚いた。父親は70代半ばで、普段は食品の銘柄などを指定するような人ではないからだ。

そのため、「ここまでしっかりと父親の心をつかんでいる明治って、すごいなあ」と感心し〝明治おいしい牛乳〟のマーケティングに対して興味が湧いた。

普段、牛乳に何らこだわりはなく、スーパーに行っても、「特売」と書かれたPOPの下で大きなスペースを使って並べられた牛乳を無造作にカゴに入れるだけの筆者は、まったく気づかなかったが、〝明治おいしい牛乳〟はよく売れているようだ。

POSデータ（2016年9月の売り上げ実績）を見ると、〝明治おいしい牛乳〟はシェア8・4％と、2位の〝森永まきばの空〟（4・7％）の2倍に近い数字となっている。

しかも価格を見ると、〝明治おいしい牛乳〟は230円で、〝森永まきばの空〟（158円）に対して、1・5倍程度になっている。牛乳全体の平均価格を見ても177円であり、〝明治おいしい牛乳〟の価格の高さが際立っている。それにもかかわらず、大きなシェアを獲得できているのだから、明治にとっては稼ぎ頭の重要な商品となっているはずだ。

●明治の差別化戦略

2002年に発売されて以降、順調な販売を維持している〝明治おいしい牛乳〟のおいしさの秘密は、特許を取得している「ナチュラルテイスト製法」にある。一般の牛乳には加熱殺菌が義務づけられており、殺菌の工程で酸素が牛乳中の成分を酸化させ、本来の風味を損なってしまっている。

しかし、ナチュラルテイスト製法では、加熱前に酸素の一部を取り除くことにより、加熱時の酸化を防ぐことができ、生乳本来の風味が保たれている。

ヒット商品が生まれれば、模倣する競合他社が現れるのが世の常である。〝明治おいしい牛乳〟のヒットを受けて、翌年には他社から類似した製法の商品が発売されている。

こうした他社の追随に対して、明治は「容器における差別化」に打って出た。一般的な紙パックは開閉部が屋根型になっているが、キャップ付きの容器に変更し、子供や高齢者でも開けやすいようになっている。また、持ち運びやすさを考慮し、横幅を狭くするといった工夫も凝らしている。さらに、光を通しにくくするためにパッケージの原紙を厚くし、特別なコーティングを施している。さらなるおいしさを求め、飽くなきイノベーションが繰り返されていると言えるだろう。

こうした容器の変更は、コスト増となるものの、1000ミリリットルから900ミリリットルへと容量を1割減らすことにより、店頭価格は据え置かれている。

このような判断は、極めて難しい意思決定である。1リットルというのは、多くの消費者が長年にわたり慣れ親しんだ量であり、わずか100ミリリットルとはいえ、実際の容量以上に少ないと感じてしまうかもしれない。しかしながら、1リットルのままでは価格が消費者の許容できる範囲を超えてしまうというリスクを、明治は回避すべきと判断したのだろう。

以前、ある豆乳メーカーを調査した際、関係者から、「トクホ（特定保健用食品）を取得した際、コスト増に伴い価格を10円上げたところ、大きく販売が落ち込んだ」という話を聞き、主婦を中心とした消費者の価格に対する感度の高さに驚いたことがある。

こうした消費者の価格への厳しさと商品の価値向上のバランスをいかにとるべきかについては、なかなか難しいポイントであり、試行錯誤を繰り返しながら、今後も修正していく必要があるかもしれない。

Case

慣例を打ち破る「経営トップの覚悟」——関谷醸造の「高く売る」日本酒

「よい商品をつくる。そのためによい材料を使用する。結果として、顧客が許容できるレベルを超えた高価格での販売計画となり、市場への投入を見送る」

こうした問題は、様々な業種で日常的に起こっていることだろう。そのような事態は当然、競合他社でも同じように発生しており、自社でこうした問題を解決できれば、競合他社との明確な差別化を実現するチャンスになり得るはずだ。

とりわけ、規模の経済性で劣る中小企業にとって、大企業との低価格競争が得策ではないことは明らかであり、差別化は極めて重要な問題と言えるだろう。

●日本酒業界の現状

日本酒の販売シェア（2016年2月・金額ベース）を見ると、白鶴酒造の〝まる〟がトップで4・0％を獲得している。同商品は2リットルの紙パックで平均価格901・8円、1リットル当たりに換算すると約450円である。2位は月桂冠の〝つき〟でシェアは3・2％、同商品の1リットル当たりの平均価格は約445円となっている。

そのほか、トップ10にランキングされる日本酒はすべて紙パックであり、容量は2～3リットルで、1リットル当たりの平均価格は400～450円程度となっている。メーカーに注目すると、白鶴酒造、月桂冠、宝酒造、黄桜、菊正宗酒造という全国的に有名な大手5社によって占められている。

一方、日本酒造組合中央会には1500社を超える日本酒メーカーが加盟しており、そのほとんどは中小メーカーである。こうした中小メーカーにおいて、紙パック商品のための生産設備、豊富な営業スタッフ、マス広告のための資金などを用意することは難しく、その多くが厳しい経営状況に置かれている。

中小メーカーが豊富な経営資源を有する大手メーカーと同質的な競争を行なっても、勝算は皆無に等しい。

このような点を考慮すると、近年、知名度を増してきている大吟醸は、大手酒造メーカーに対抗するための中小酒造メーカーの「高く売る差別化戦略」とも捉えることができるだろう。

●関谷醸造が高級日本酒に着手した理由

関谷醸造は1864年、愛知県の山間部の北設楽郡で創業され、現在もその地で酒づくりを行なっている。代表的な商品、純米大吟醸〝空〟は、一升（1・8リットル）で7500円程度と高価格だが、入手が極めて困難な幻の酒として地元では有名だ。

そのほか、関谷醸造は数多くの高級酒を取り揃え、売り上げの3分の2を高級酒が占め、低価格競争とは一線を画し、順調に利益を上げている。

しかし、関谷醸造は昔から高級日本酒をつくっていたわけではない。

では、関谷醸造が高級日本酒に着手するまでの道のりを見ていこう。

1975年当時、日本酒業界はまだ景気のよい時代であった。しかし、その当時でもすでに、将来の市場環境の悪化が予想されており、生き残りをかけ、新たな戦略が求められていた。

そのころ、新潟・石本酒造の〝越乃寒梅(こしのかんばい)〟など、地酒ブームが起こり、名古屋から蔵元までわざわざ買いに行く客も現れていた。一般的な日本酒が一升で1500円程度だった時代に、越乃寒梅は1～2万円でも客は喜んで購入していた。越乃寒梅は、関谷醸造の人間が飲んでみても、たしかに味がよく、こうした日本酒を自社でもつくれないものかと社内で検討し始めた。

検討の結果、おいしさの秘密は原料と精米率にあることが判明した。最高級の原料を使用し、磨けば磨くほど雑味が取れておいしい日本酒となる。しかし、こうした条件で日本酒をつくるとなると、1・5倍程度のコストアップとなる。これには大きなリスクを伴うものの、関谷醸造は開発に着手することを決断した。具体的には、最高の米を原料とし、すべての商品の精米率を10％ほど高めることにした。このような酒づくりには特別な技術が必要となるが、同社の新潟出身の杜氏がその技術を持っていたという幸運にも恵まれている。

●販売価格を抑える戦略

よい日本酒をつくるめどは立ったものの、やはり1・5倍のコストアップをそのまま価格に反映させることは難しい。つまり、顧客の許容できる価格レベルを超えてしまうという問題は残った。そこで、関谷醸造では販売価格を抑えるために、次の戦略を実行した。

まず、流通業者へのバックマージン（リベート）を廃止した。これは非常に大きな決断であり、**「経営者としての覚悟」**を強く感じさせられる。なぜなら、当時の日本酒の流通では、10本入りの木箱に対し、バックマージンとして1本つけるのが慣行であったからだ。つまり、約1割のバックマージンが普通であったわけだ。当然のことながら、バックマージン廃止に対する流通業者からの反発は激しく、取引停止となる店や積極的には売ってくれない店が続出した。

このように、当初は苦戦したが、それほど時間がかからずに、販売は好調に推移し始める。味のよさを認めてくれた消費者から指名買いされるようになったからだ。また、「10％高い精米率」は極めて明確な競合他社との「差」であり、消費者に対して有効なキャッチコピーとなり、**「ロコミの拡散」**に大きく貢献した。

一般に、プレミアム商品において重要な要素として考えられやすい包装に関しては、関谷醸造では極めてシンプルであり、例えば、瓶に関して色は異なるものの、形はなるべく同じものになるよう統一され、さらに化粧箱の形さえも統一されている。これによって、1つのラインで瓶詰めや梱包を効率よく行なうことができる。このような効率化による包装コストの低減も、よい日本酒づくりに必要な原材料や製法に伴う1・5倍にアップしたコストの吸収、および適正な販売価格の実現に貢献している。

よい商品をつくるために、よい原料や製法を採用することは、比較的簡単に多くの企業が思いつくことだろう。しかし、その結果として高い販売価格となるため、多くの企業が簡単にあきらめてしまうはずだ。

「**業界の慣例に挑戦する**」など、大きな摩擦が生じることを承知のうえで、販売価格を顧客が許容できるレベルにまで抑え込もうとする企業は決して多くはなく、ここで紹介した関谷醸造のケースは、競合他社を圧倒する「差」をつくるためには企業の経営トップの覚悟および全社的な徹底した取り組みが重要であるということを示唆している。

Case

中小企業だからこそ、強い「プレミアム商品」が生まれる
――「豆太とうふ」のマーケティング

●消極的になりがちな中小企業の戦略

大企業と比較すると、人材、資金、設備など、様々な経営資源において、中小企業は不十分な場合が多いだろう。こうしたことを言い訳に、中小企業では何事においても消極的

な戦略をとる場合も少なくはないはずだ。

しかしながら、中小企業は大企業に比べて、本当にすべての面で100%不利な立場にあるのだろうか。「大企業よりも勝るポイント」が必ず何かしらあるのではないか。

現在、札幌の高級豆腐市場で大きな影響力を持つ豆太(まめた)は、老舗企業のような長い歴史や、大手企業のような豊富な資金や特別な設備などの優位性を何ら保持していなかったにもかかわらず、2000年に高級豆腐市場に参入し、現在に至るまで順調な販売を維持している。

●高級豆腐「豆太とうふ」のコンセプトが誕生した背景

豆太の前身となる岡内食品の豆腐は当時、卸売価格35円、店頭の小売価格48円が基本で、セール時には3丁100円で販売されていた。取引先は安売りの個人商店が中心であり、大手小売業者が台頭してくる状況のなか、豆腐の売り上げは下降傾向に陥っていた。

岡内食品は、販売ボリュームを維持するために、大手スーパーなどとの取引を拡大させようと交渉を試みたものの、原価割れが生じるほどの値下げ要求があり、最後には「お宅の豆腐でなくても、どこでもいいんだよ」と交渉相手から言われる始末であった。実際、岡内食品の豆腐は何の特徴もない普通の豆腐で、そう言われても仕方のない状況であった。

こうした状況において、同社は強力な流通パワーを回避し、適正価格で取り扱ってもらえる、また今後の成長が見込める業態ということを理由に、自然食品の店をターゲットにした。もともと競合他社との差別化のために、こだわりのおいしい豆腐を〝北海道産大豆〟〝天然にがり〟〝天然水〟でつくろうと考えていたこともあり、自然食品店とはそういう意味でも相性がよかったわけである。

1年間ほど、自然食品店を中心に、北海道産大豆と天然にがりによる豆腐の市場性についてリサーチし、「どういう商品なら消費者に喜ばれ、適正な価格で販売できるか」ということを考え続けた。こうしたリサーチを行なっていた段階で、ある自然食品店の店主から「消泡剤を使わず、豆腐をつくってほしい」という要望が出てきた。

消泡剤とは、豆腐をつくるときの泡を抑えるための添加物で、近年ではシリコンなどから人工的につくられている。シリコンなどを原料とする消泡剤による人体への影響について問題にはなっていなかったが、食品衛生法ではシリコン樹脂の使用量の上限は決められていた。こうした背景を知る消費者に対して、豆太の「消泡剤不使用」は人工的な添加物を使っていないというアピールになったわけである。

このようなリサーチを経て、原料は北海道産大豆、天然にがり、天然水のみとし、消泡剤不使用による「人工添加物ゼロで体に優しく、最高においしい豆腐」というコンセプトが誕生した。

●試行錯誤を繰り返した商品開発

ところが、消泡剤を使わずに豆腐をつくるのは容易ではなかった。なぜなら、そもそも当時の豆腐製造機は消泡剤を入れることを前提につくられていたからだ。すなわち、消泡剤の使用に対して誰も疑問を抱いておらず、消泡剤を使わずに豆腐をつくる製法は常識外れの発想であった。豆太社長の岡内宏樹氏は当時を振り返り、「まだ素人のような者だったから、素直にやってみようと思えた」と語っている。

その後、消泡剤を使用せず、豆腐をつくれる釜を扱うメーカーが九州にあるという情報を入手し、その釜は高額で中小企業にとっては大きな投資となるが、購入を決断する。しかし、その釜を用いても、なかなか納得のいく製品はできなかった。

一般の凝固剤（硫酸カルシウム化合物）ではなく、天然にがりを使用したこともあり、まったく固まらなかったのである。そのため、気温に合わせて、大豆を水に浸す時間や、にがりの量と入れるタイミングなどを試行錯誤する日々が何日も続いた。

最初の2～3カ月は36丁に1丁程度の歩留まりで、うまくできた商品があれば1丁でも自然食品の店に出荷するという有様だった。しかし、こうした状況のなか、楽しみにしてくれる消費者が現れ始める。「商品はとにかく柔らかく、何もしていないのに溶けた」「容器から出せず、スプーンで食べている」といった消費者からの声が届くようになる。こうした声はクレームではなくエールであり、「とにかく、味は最高」という評価であった。ただ、結局、初年度の販売数は600丁程度にすぎなかった。それから3年の月日が経過し、ようやく納得のいく豆腐が製造できるようになり、現在は1日1000丁程度の販売数となっている。

●「お金をかけない」マーケティング

中小企業である豆太に、テレビCMなどのマス広告を利用したプロモーションなどを展開する資金はなかった。しかし、大きな投資をすることなく、したたかなプロモーションが行なわれている。

例えば、パッケージに関して、通常、豆腐のパッケージは横書きになることが多いが、〝豆太とうふ〟の場合は縦書きになっている。縦書きにすると、商品を陳列するときに縦に並べなければならず、手間やスペースの問題で小売業者からは敬遠されるが、消費者にとっては一目でわかる「差」になっている。また、一般的に、豆腐のパッケージには「木綿豆腐」や「絹豆腐」という豆腐の種別が大きく表示されているが、〝豆太とうふ〟の場合、ブランド名である「豆太」が手書きで大きく記載されている。

また、容器には、白色ではなく、透明の材質が採用されている。白い容器の場合、豆腐の角が欠けるなどの不具合があっても消費者には豆腐を容器から出すまでわからないが、透明の容器の場合、そのような不具合が一目瞭然となる。つまり、透明の容器には、豆太の品質や安全への絶対的な自信と覚悟が表れている。さらに、容器を透明にすることは、消費者に「豆腐の色をよく見てほしい」という思いも込められており、こうした点について「たかがパッケージ、されどパッケージ」と岡内社長は語っている。

さらに、広告に関しては、販売開始3年目に取引銀行主催の商談会に商品を出品した際、地元の北海道新聞に取り上げられ、それ以降、ほかの新聞社やテレビ局、ラジオ局などから100件を上回る取材依頼が殺到した。つまり、お金を一切かけることなく、大きな広告効果を得ることができたのである。この要因としては、北海道産大豆の使用や新しい製法、安全な商品、パッケージのインパクトなどがあげられる。つまり、本当に差別化された商品ならば、お金をかけなくとも、自然に情報が広まっていくということだ。

●「豆太とうふ」の強み

まず、費用対効果に関して、北海道産大豆の使用など、かなりのコスト増となっているものの、差別化された商品に対して、流通業者からの値下げ要求はなく、適正な利益が確保できている。

また、模倣への対抗策として、商標登録などはもちろん行なっているが、それ以上に徹底的にこだわり、手間をかけて商品をつくっていることが、競合他社にとって極めて**「模倣困難なポイント」**になっている。

例えば、前に述べたように、消泡剤を使わないため、豆乳の煮込みに手間をかけねばならず、その後に泡取りの作業なども行なう必要がある。また、高濃度の豆乳を用いているため、絞り機の詰まりが頻繁に発生し、絞り機のメンテナンスにも時間をとられる。さらに、できあがった製品は非常に柔らかくて壊れやすいため、丁寧に容器に詰めなければならない。

こうした点は、すべて手作業になるため、いくら資金力がある大手メーカーといえども、大量生産することは極めて難しいわけだ。そもそも、消泡剤を使わずに豆腐をつくるためには、機械などの設備を変更せねばならず、気軽な新商品投入というわけにはいかない。

加えて、筆者が注目している点は、**従業員のモチベーションの変化**である。〝豆太とうふ〟の開発前は、何時に出勤するかわからないような、いい加減な従業員も多く、衛生管理の面でも非常に低いレベルであった。この点について岡内社長が何度注意しても、「どうせ安物だし」と、片づけられてしまっていたようだ。同社長は、当時を振り返り、「自身においても、そういう甘えがあったかもしれない」と語っている。

しかし、〝豆太とうふ〟が地元を中心としたメディアで大きく取り上げられ、近所の人たちから、「あの高級豆腐の豆太で働いているんですね」などと声をかけられるようになってから、従業員の意識は完全に変わった。「それまでは処理するように製造していたが、現在ではパートも含め、従業員同士が高級豆腐に見合う品質となるように、お互いに注意し、さらに意見を出し合うようになってきており、こうした雰囲気は現在の当社の強みとなっている」と同社長はコメントしている。

一般的には、中小メーカーの従業員の待遇は、大手メーカーほど恵まれておらず、豆太も例外ではない。しかし、プレミアム商品である〝豆太とうふ〟によって、極めて高いモチベーションを持つ組織に変化している。

ちなみに、豆太は2017年の日本一うまい（おいしい）豆腐を決める「全国豆腐品評会」の木綿豆腐の部で優勝している。2016年の品評会では、本戦には出場できたものの、入選すらできずに終わったが、その後、工場長と議論を重ね、すべての材料、製法などを一から見直した結果、見事に優勝をつかみ取った。

●「豆太とうふ」の成功ポイント

こうした事例は、社長の強い覚悟とリーダーシップ、全社一丸となった柔軟かつスピーディーな対応など、**中小企業が保持している強みを徹底して実践する**ことができれば、十分ではない資金や人材、設備をはじめとする経営資源における弱さを克服することができ、大きな成功をつかむことも夢ではないことを教えてくれる。

プレミアム商品にも有効な「サービス」のマーケティング・ミックス
——「7P」の視点

4Pは、マーケティングを考えていく過程で、本来検討すべき多くの要素を4つに集約した素晴らしい枠組みだ。しかも、ほとんどの商品に適応可能である。しかしながら、「サービス」に対してはどうだろうか?

例えば、美容室やマッサージ店、飲食店などに対して、4Pだけでは、うまく説明できない、あるいはカバーしきれない不十分な場合が多い。なぜなら、サービスにおいては、奉仕してくれる「**人**(Personnel)」、提供する「**プロセス**(Process)」、店舗の内外装といった「**物的証拠**(Physical Environment)」なども重要な要素になるからだ。

したがって、サービスに対しては、次ページの図に示したように、4Pにこれら3つの要素を加えて、「**7P**」という枠組みがよく用いられる。

また、競争が激化する現代の市場では、商品においても7P的要素が重要になってきて

■7P(サービスのマーケティング・ミックス)

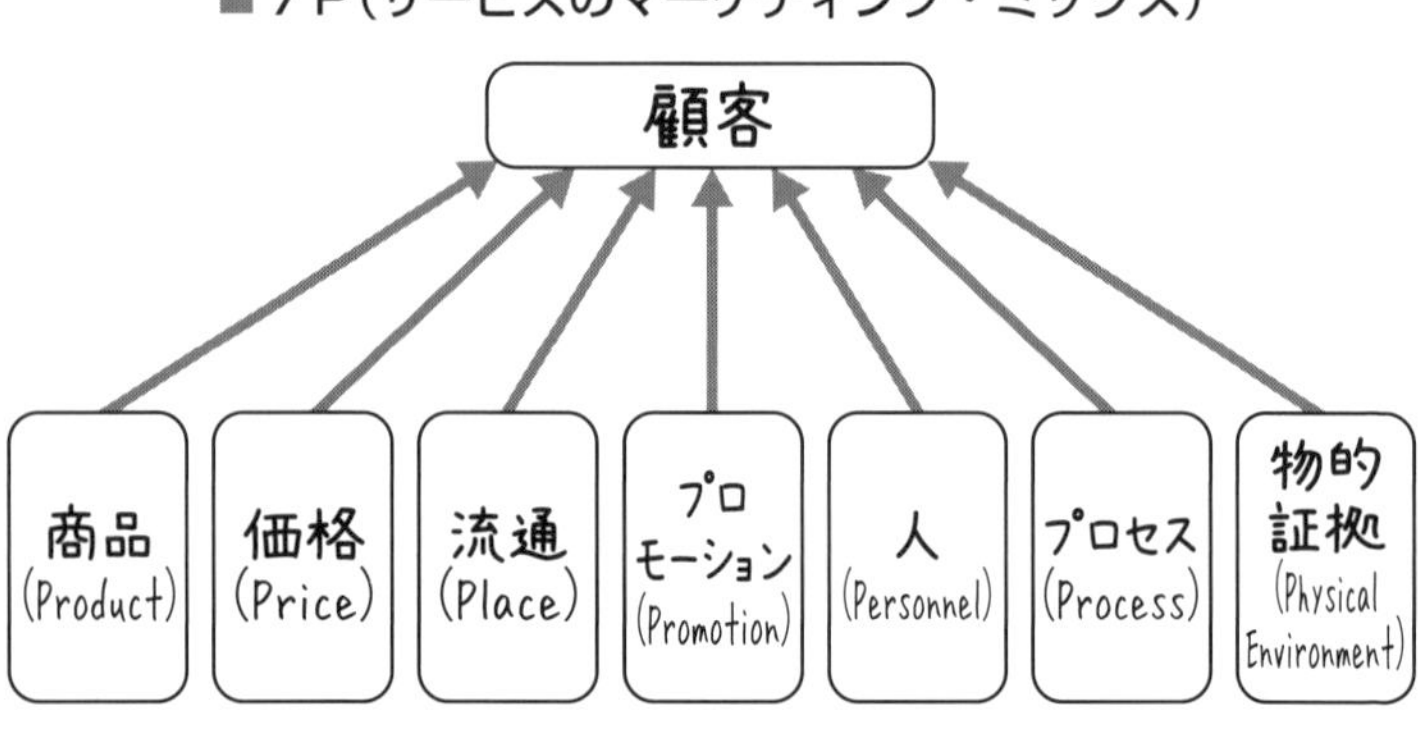

いる。例えば、近年、「**モノ消費**（物的商品の利用）から**コト消費**（経験）へ」というフレーズがよく聞こえてくるが、これも「**モノのサービス化**」を表していると捉えられる。

なぜ、「モノ」ではなく、「コト」を売ることが重要なのだろうか？

「モノ」はマネ（模倣）されやすく、また客が競合他社のモノと容易に比較できるため、低価格競争に陥りやすい。

一方、経験である「コト」というものは、様々な要素が組み合わされて成立しているため、簡単には比較ができず、マネもされにくい。よく指摘されるスターバックスのあの居心地の良さという経験は、なかなか他社にはマネができない。

こうした発想は、物的商品のマーケティング、とりわけ消費者に「**高くても買いたい**」と思わせる必要があるプレミアム商品のマーケティングにおいても大いに参考になる。

つまり、「**7P的視点**」は、サービスに限らず、商品をつくるメーカーにとっても今後ますます重要になるだろう。また、このような経験の提供は、ブランドの構築にも大きく貢献する可能性がある。

Case

「モノ」売りから「コト」売りへ
――「スタバ」から「プレモル」まで

●なぜ、「モノをコト化させる」のか?

例えば、ビールやパン、自動車などを製造するメーカーは、通常、モノという商品をつくり、販売する。一方、消費者はモノを買いに店に行き、消費する。

しかし最近、前で説明したように、「モノ」ではなく「コト」、もしくは「**モノをコト化させる**」という点に注目が集まっている。コトがわかりにくければ、「**経験**」という言葉に置き換えて考えてほしい。

つまり、「**経験を売る**」「**経験を消費する**」ということである。これは、マーケティングの世界では以前からよく話題になっていたが、最近ではテレビ番組など、一般のニュースなどでもよく耳にするようになってきた。

では、「モノをコト化させる」とは、どういうことだろうか？

例えば、テレビを例としてあげれば、従来はメーカーや商品によって「壊れやすい」「画像が鮮明ではない」など、品質に明確な「差」があった。また、コーヒーのような嗜好品でも、個人の好みというレベルを超えて、明らかに「薄い」「ぬるい」「臭い」など、間違いなく味が悪い喫茶店も少なくなかった。

しかし、市場が成熟化した結果、こうした明らかに低品質の商品は市場から排除され、少なくなってきている。商品の品質に差がないとなると、「低価格競争→企業は儲からなくなる」というのがお決まりのパターンだ。

では、低価格競争から抜け出すために、競合他社との差別化を「どこで」「いかに」行なっていけばよいのだろうか？

そのための1つの戦略として、「モノではなく、コト（経験）を売る」というポイントに注目してみたい。

●「モノのコト化」に成功した企業

例えば、スターバックスは、ほかのセルフサービスのコーヒーチェーンよりも高価格だ。

その理由として、コーヒー自体がおいしいという点もあるかもしれないが、そうしたモノとしてのコーヒーの価値よりも、あのオシャレで、ゆったりとした空間でふかふかのソファに座ってゆっくりとした時間を過ごすという「コト」に対して、消費者は高い価格設定を受け入れているということだ。

ちなみに、筆者はスターバックスのアメリカの本社でインタビューする機会があり、その際に、同社のスタッフが「当社はインテリアの会社です！」と言ったのには大変驚いた。それと同時に、「それなら、インテリアの企業がカフェを展開しても面白い」とも感じたが――。

「モノのコト化」に成功した、ほかの例としては、缶ビールもあげられる。缶ビールを飲むときには通常、缶を空けたら、そのままグイッと呑みほす、喉の渇きを潤すといった感じだろう。しかし、サントリーは〝ザ・プレミアム・モルツ〟の広告において、「そのまま缶で飲むのではなく、グラスに注いでから呑んでください。また、注ぐ際は3回に分けて注ぎ、泡がしっかりできるようにしてください。そして香りや風味を楽しみながら飲んでください」といったポイントを強く訴求した。

こうしたポイントは、単に缶ビールを売るのではなく、ビールをゆっくりと楽しむ「コト」を売っていると捉えることができる。こうした取り組みにより、「コト」を消費できる〝ザ・

プレミアム・モルツ〟は、普通の缶ビールとは違って、「少し高くても当然だ」と多くの消費者から理解を得て、販売は好調に推移している。

通常、企業間の競争では、「何はさておき、まずは安く」というように、コストカットの話が巷に溢れているが、「コト化」という「**新たな価値の創出**」によって、低価格競争を回避するというロジックは、多くの企業に夢や希望を与えるのではないだろうか。

競合他社を圧倒する「差」のつくり方

——「高く売る」思考力を鍛える

Point 4

どのように「差」をつくればよいのか？

◎あえて競合他社の「裏」を行く

高競争時代において、似たような商品が市場に溢れ返っている。したがって、商品の購入に際して、消費者は店舗を訪れたり、インターネットを検索したりして、競合他社の商品と比較することになる。

つまり、競合他社の商品よりも優れた商品でなければ、購入されることはないわけだ。もちろん、こうした現象は、サービスでも、またスーパーや飲食店などの店選びでも同様に起こっている。

では、競合他社との「差」を「どこで」「いかに」つくればよいのだろうか？

まず、機能やデザインといった基準において、競合他社よりも優れているもの、より顧客を満足させるものを提供することが考えられる。つまり、**「競合他社のレベルを乗り越える」**わけである。また、**「競合他社にはない価値」**を提供することによって、「差」をつくることも考えられる。競合他社が気づいていない、もしくは気づいてはいるものの取り組むことができない、マネしにくいことに挑戦するのである。要するに、**「あえて競合他社の『裏』を行く」**わけだ。

◎模倣可能でも「ヒット商品に追随しない・できない」事情

次に、「差」をうまくつくり出せた後の、競合他社の模倣について触れておきたい。

例えば、ジョンソン&ジョンソンが毛の部分が小さい歯ブラシ〝リーチ〟を開発し、大ヒットとなった。そのときに、競合相手のライオンは、自社の歯磨き粉の売り上げが低下することを危惧して、技術的には簡単に模倣可能であったが、〝リーチ〟に追随せず、結果として〝リーチ〟の独走を許してしまったという話は有名である。

また、液晶テレビでも、ブラウン管テレビで強い影響力を保持していたソニーは、ブラウン管に固執していたために、液晶テレビで競合他社に大きな後(おく)れを取ってしまったなど、たとえ技術的には模倣可能であっても各企業が抱える固有の事情により、ヒット商品に追随しなかった事例は数多く見られる。

さらに、大企業にとっては魅力的なビジネスとは見なされない市場規模であっても、中小企業にとっては魅力的な市場と捉えられるといったことも追随されない理由に該当するだろう。

本書の第Ⅱ部の事例編では、先ほど説明したような、競合他社のレベルを乗り越える、もしくはあえて裏を行くことによって、競合他社との「差」をつくることを検討するうえでヒントとなる、マーケティングに関連する論点や今日的なトピックについて、事例を交えながら紹介していく。

例えば、PBやSPAなどは、一般には「低コスト化による低価格販売」のみに注目が集まっているが、これらの仕組みの本質的な価値を見つめ直すことによって、競合他社との明確な「差」をつくり、低価格競争から脱却する手掛かりを提示していきたいと思う。

読者の方々には、「高く売る」ために必要な思考力を鍛えるつもりで、この事例編を読み進めてほしい。

強い「ブランド」を確立できれば圧倒的な「差」は生まれるが……

◎ブランドの起源

「**ブランド**」の起源に関しては諸説あるが、ヨーロッパにおいて放牧の際、自らの牛を他者の牛と区別するために、牛の腹に押した焼き印や、ウイスキーの酒樽への焼き印、陶磁器における窯元（かまもと）の印などに始まるようだ。

つまり、ブランドはもともとは他者のモノと区別できる印といった程度の意味しか持たなかったわけである。現代でもマーケティングの世界で最も権威あるＡＭＡ（アメリカマーケティング協会）は、ブランドを「ある売り手の商品やサービスを競合者のものと区別する、名前・言葉・サイン・シンボル・デザイン、もしくは何か他の特徴」と定義している。

しかし、マーケティングの権威であるK・L・ケラーが「ブランドとは製品である。ただし、同一ニーズを充足するようにデザインされた他の製品と何らかの方法で差別化するための次元を伴った製品である」と指摘しているように、単なる他者のモノとの識別に留まらず、それ以上の何かを顧客に感じさせるものがブランドだと多くの人が捉えていることだろう。

実際、強いブランドに対しては、多くの顧客はたとえ割高であっても購入し、また指名買いや継続購買も行なう。そのため、ブランドというものは、企業にとって極めて魅力的な要素に映ることだろう。

本来なら、ここで強いブランドの構築法に関して解説を加えなければならないが、正直、筆者にはわからない。結論から言えば、ブランドは素晴らしいマーケティングを行ない、消費者から高い評価を受け続けた結果として得られるもの、つまり「**マーケティングの成果**」であると捉えている。

ブランドを評価すること、もしくはブランドが消費者の購買行動に与える影響を分析するといったことは体系化できるだろうが、ブランドの構築法に関して言及することは極めて難しいはずだ。

「ストーリーを語れ！」でブランドをうまく構築できるか？

そもそも、ＡＭＡやケラーの定義における「何か他の特徴」や「何らかの方法」に代表されるように、個別のブランドにはそれぞれ異なる特徴があり、訴求するポイントや方法を一般化することが効果的なのか、正しいのかといった疑問さえ筆者は抱いている。

こうした筆者の見解とは異なる立場から、ブランドをうまく構築できた企業の創業者や商品開発などにまつわる「ストーリーを語れ！」的な方法論について記述したビジネス書や研究論文を、特に最近よく目にするようになった。

もちろん、そのような方法論について筆者も異論はないものの、ストーリーを語ること自体がブランド構築に寄与するというよりも、多くの人が共感してくれるようなストーリーの「**中身づくり**」に自社の力を傾けるべきだろう。

つまり、ターゲットとする顧客の満足度を高めることさえできれば、ＳＮＳ全盛の現代では、マス広告に頼らずとも、強力なパワーを持つ、よい口コミが広く流布される。このような口コミによって、強いブランドが構築されていくと捉えるほうが合理的だろう。

Case

「真のブランド力」をどう構築すべきか？——「産地ブランド牛」の実態

●注目される産地ブランド牛

地域名をブランドにした食肉が目立ってきている。例えば豚肉では世界的に有名なスペインのイベリコ豚、日本のかごしま黒豚、牛肉では松阪牛や神戸ビーフ、中部地域を中心に絶大な人気を誇る飛騨牛などが有名である。ここでは、「産地ブランド牛」に絞って取り上げることにしよう。

産地ブランド牛は、生産者、流通業者、消費者に大きなメリットをもたらしている。まず、高価格で取引される場合が多い産地ブランド牛は、生産者や流通業者に対して、大きな利益をもたらしている。また、消費者サイドでも、「おいしい肉が食べられた」「贅沢できた」といった、いわゆる「**ご褒美消費**」が実現している。

では、皆さんは産地ブランド牛について、どの程度ご存じだろうか？

地域の名前がついているのだから、当然、その地で生まれ育ち、各銘柄独自の系統の牛で、独自の餌や方法で飼育されているものと理解しているのではないだろうか？

●産地ブランド牛の実態

例えば、神戸ビーフの場合、次のような厳格な定義（基準）がある。

・兵庫県有種雄牛のみを歴代にわたり交配した但馬牛（たじまうし）（兵庫県産の黒毛和種の和牛）が素牛（もとうし）（肥育牛や繁殖牛として飼養される前の子牛）であること
・繁殖から肉牛として出荷するまで兵庫県内で飼養管理した、生後28カ月齢以上から60カ月齢以下の雌牛・去勢牛であること
・脂肪交雑基準2マイナス以上であること

この神戸ビーフのように、高級なブランド牛に対して一般消費者が抱くイメージにかなり近い基準の産地ブランド牛も存在するが、じつはこうした例は稀で、実態は次のとおりである。

産地ブランド牛の多くは、地域外で産まれた牛も許容しており、各銘柄独自の系統の牛といった制限もない。また、実際の飼育は各農家で行なわれるため、餌や飼育方法が統一されていないことも珍しくない。逆に、産地ブランド牛として統一されていることと言えば、その地域で一定期間、飼育されていることくらいだろう。

つまり、「産地ブランド牛」と言われると、とても特別なものと感じてしまいがちだが、要するに、「一定期間、その地で育った牛」にすぎないわけだ。もちろん、上位の等級の肉しか流通しないように制限されているケースが多く、消費者が口にする産地ブランド牛はおいしい肉である場合が多いだろう。

●「真のブランド」の構築に向けて

しかし、消費者の感覚としては、単なる黒毛和牛の5等級よりも、「いかにも」といった地名がついた産地ブランド牛に対して、根拠のない「**希少価値**」を感じて、ありがたがるというのが常ではないだろうか。筆者は間違いなく、その一人である。

このように、たしかに「ブランドの力」は絶大だ。

現在のところ、産地ブランド牛のビジネスは、うまくいっている場合が多いようである。松阪や神戸といった老舗的存在に加え、緑豊かな地の名称が付与された産地ブランド牛なども消費者の心をうまくつかんでいる。

しかし、今後、産地ブランド牛がますます増えてきた場合、消費者もその実態が気になり始めるのではないだろうか？

そして、よく調べてみると、その地で生まれた牛ではない、血統、餌、飼育方法などはバラバラという実態が判明し、消費者が興味を失ってしまうおそれがある。

こうした事態に陥らないうちに、何かしら説得力のある基準や統一性などの整備が産地ブランド牛においては重要となるだろう。

この産地ブランド牛に限らず、真のブランドを構築するためには、見せかけだけでなく、**「中身づくり」**が何よりも重要であることは間違いない。

Case

「コカ・コーラ」のブランド強化&維持戦略

●コカ・コーラ博物館「ワールド・オブ・コカ・コーラ」

2016年の夏、出張でアメリカのアトランタを訪れた。皆さんはアトランタと聞いて何を連想するだろうか？

おそらく、筆者と同じ40代や50代のスポーツが好きな方々なら、オリンピックを思い浮かべることが多いのではないだろうか。また、企業に注目すると、CNNやデルタ航空に加えて、世界で最も有名な企業とも言える、ザ コカ・コーラカンパニー（以下、コカ・コーラ）が本社を構えている。

アトランタの街の中心部には、「ワールド・オブ・コカ・コーラ」というコカ・コーラの博物館がある。失礼な言い方をすれば、「単なるソーダ水が、なぜ世界中でこれほど飲まれる飲料にまで成長したのか」と、昔から個人的に気になっていたため、その博物館を迷わず訪問することにした。

ここで、読者の皆さんに質問させていただきたい。

博物館の入場料はいくらだと思われるだろうか?

答えは16ドル（約1600円）なのだが、金額以前にそもそも入場料を徴収すること自体に驚かれた人も多いのではないだろうか。日本にも大手企業を中心に、自社の歴史を紹介する施設や工場見学などがあるが、概ね無料、高くても500円程度だ。

つまり、日本では、企業も、消費者も、「企業の博物館などは宣伝を兼ねているのだから、無料か安いのが当然だ」という認識がある。

ワールド・オブ・コカ・コーラの正面玄関には、創業者であり、薬剤師でもあったジョン・ペンバートンの銅像が建っている。その横には「ジョン・ペンバートンは1886年にコカ・コーラを〝発明〟した」と記されたプレートが置かれていた。

細かいことかもしれないが、通常の商品なら〝発売〟と記されるところ、〝発明〟という言葉を使うことによって、コカ・コーラの「価値」を高めようという心意気が感じられた。

博物館に入ると、まず世界中のコカ・コーラの看板やポスターで埋め尽くされたホールに案内された。まさに世界のコカ・コーラといった印象を受ける。そのホールの後には、コカ・コーラに関する貴重な歴史的資料を見学するコースが続く。

こうした見学コースでは、一貫して「なぜ、コカ・コーラはおいしいのか？」という点をアピールしている。このコピーは、どのコーナーでも目立つ場所に貼ってある。こういう命題を掲げられると、自然にその前提となる「コカ・コーラはおいしい」ということを無意識に受け入れてしまうため、たしかに効果的な手法である。

先日、訪問した日本のあるビール工場でも、「おいしさの秘密」が何度も連呼されており、洋の東西を問わず、しつこく訴求し続けることが効果的であるということだろう。

●飲み物からブランドへ

〝コカ・コーラ〟という商品名は、経理を担当していたフランク・ロビンソンが命名したそうだが、その商品名が決定される経緯を説明したポスターのタイトルが「飲み物からブランドへ」となっていた。日本なら単に「名称の由来」で終わってしまいそうだが、こうしたコピーのつけ方についても、「さすが、コカ・コーラ」と大変感心した。

ところで、コカ・コーラ最大の失敗と言えば、１９８５年に実施した味の変更だろう。

当時、ライバルであるペプシコは、消費者に〝コカ・コーラ〟と〝ペプシコーラ（以下、ペプシ）〟を試飲させ、「ペプシのほうがおいしいと感じる消費者が多い」と、マスメディアなどを活用して大々的にPRした。

その結果、ペプシは大きくシェアを伸ばしたのである。こうした状況に危機感を抱いたコカ・コーラの幹部は、４００万ドルの費用を投じて20万人を対象に試飲テストを行ない、コーラの味を変更した。

しかし、コカ・コーラの味の変更に対して、全米中の消費者から抗議が殺到したため、味の変更からわずか79日後には変更前の味に戻した〝コカ・コーラ・クラシック〟を発売し、市場から大歓迎を受けた。一方、新しい味のコカ・コーラは、翌年には市場から消えてしまった。

そもそも、なぜ大規模な試飲テストを行なったにもかかわらず、失敗に終わってしまったのかについては、いろいろな要因が考えられる。例えば、試飲テストは一口飲むだけだったので、実際に1缶飲み干す場合とでは試飲者の反応は間違いなく異なる。一口飲む程度なら、多くの消費者はより甘いほうを好む傾向がある。ペプシコの試飲テストでも、コカ・コーラよりもペプシの甘さが強かったため、評価が高かったと言われている。

さらに、コカ・コーラの存在を、単なる飲料を超えてアメリカの文化や伝統と捉えていた消費者が多く、そうした伝統を突然変更し、商品を市場から消し去ってしまったことへの抵抗という側面も、コカ・コーラの味の変更が失敗した要因として指摘されている。

一歩間違えば、見学者に対してマイナスのイメージを与えてしまいそうな、このようなエピソードもコカ・コーラ博物館では「79 DAYS」という大きな見出しをつけて詳細に説明している。展示物のなかには、元の味のコカ・コーラ復活を強く嘆願する消費者からの手紙なども展示され、コカ・コーラがどれほど愛されている商品であるかがアピールされている。こうした点についても、よく計算されて行なわれていると感心させられた。

●世界的に有名な企業の施設見学は有料がスタンダード？

こうした展示ブースを抜け、次に4Dの映画を見た。上映時間は短いものの、ハリウッド映画並みの出来栄えであった。見学の最後には、世界中の〝コカ・コーラ〟や〝ファンタ〟など、同社の関連商品が飲み放題という試飲コーナーが設けられていた。そこには、南アフリカやチリのコカ・コーラ関連商品なども用意されており、筆者も物珍しさにつられて、アフリカや南米の商品を試飲した。

このような体験を経て、コカ・コーラがいかに世界で親しまれているかということを実感させられた。

コカ・コーラ博物館に限らず、オランダのハイネケンやアイルランドのギネスといったビールメーカー、また世界最大の航空機メーカーであるボーイングなど、筆者が訪問した海外の主要企業の見学施設や工場見学はほとんどが有料であった。しかも、価格も概ね1500〜2500円程度で、こうした相場が世界ではでき上がっているようにも思える。

こういった世界の大企業とは異なり、日本企業が無料で工場見学などを行なっていることは素晴らしいとは思う。無料ならば、どのような内容であっても、ほとんどの消費者は文句を言わないだろう。

しかし、強いブランド構築を本格的に目指すならば、このケースで取り上げたコカ・コーラのように、見学者から2000円の料金を徴収しても、なお素晴らしいと思わせるような見学施設の設置や、工場見学の充実などに真剣に取り組む必要があるだろう。

Point 6 消費者と長期にわたる「関係性」を構築する

◎関係性マーケティングとは？

個人的なことではあるが、筆者は大学院の博士課程に在籍していたころ、その影響力の強さからブランドに興味を持っていた。しかしながら、前のポイント5「強い『ブランド』を確立できれば圧倒的な『差』は生まれるが……」（139ページ）で述べた理由により、ブランドを直接的な研究テーマとするのではなく、その前段階に当たる「関係性」の部分の研究に取り組もうと考え、「**関係性マーケティング（リレーションシップ・マーケティング）**」を研究テーマとして選択した。

従来のマーケティングでは、「顧客との取引時点」にのみ注力していたが、取引前後にも十分に注意を払う、さらに言えば、こうした取引前後の顧客とのやり取り（関係性）のほうが重要であるというのが、関係性マーケティングの肝である。なお、関係性マーケティングにおける売り手と買い手を夫婦関係にたとえた研究も有名である（夫婦になるのは結婚式を挙げるためではなく、長く共に暮らしていく、つまり長期にわたる関係性の構築および維持が重要である）。

◎ＢｔｏＣでも重要な関係性マーケティング

こうした関係性に注目が集まった背景には、競争が激しくなる環境において、新規顧客の獲得よりも既存顧客（リピート客）の維持のほうが利益に貢献する場合が多いといった研究が報告されたことがある。

もちろん、従来から、**ＢｔｏＢ（企業間取引）**やサービスのマーケティングでは、顧客との「関係性」は重要視されてきたが、**ＢｔｏＣ（企業消費者間取引）**においても、関係性マーケティングは重要であるとの認識が近年広がってきた。

強い関係のもと、顧客が企業に対して高い満足度を抱き続ければ、結果として強いブランドの構築につながり、値段を多少高くしても、顧客に受け入れられる可能性は高まる。

Case

「モノ売り」から「サービス提供」へ
──メニコンの「関係性マーケティング」

●販売における「不確実性」の低下

江戸時代でも客の取り合いなど、店同士の競争はあったはずだが、一般に「企業間競争の激化」といったフレーズが頻繁に登場するのは1980年代以降である。それからさらに30年以上が経過し、多くの商品群やサービス群で現在の市場は飽和してしまっている。

しかも、規制緩和や国際化の影響を受け、競合他社が増加している業界も多く、こうした業界では、競合他社との差別化を狙った新商品や新サービスがどんどん市場に投入されている。

例えば、冷蔵庫や洗濯機などは「白物家電」と呼ばれてきたが、現在の豊富なカラーバリエーションを踏まえれば、もはや白物家電という言葉は意味を成さなくなってきた。

一方、消費者サイドに注目すると、例えば多くの耐久消費財に関してはすでに保有済みの場合が多い状況である。保有していない消費者、たとえるなら、おなかがペコペコの消費者なら、自分の好物でなくとも食いつくだろうが、すでに満たされている消費者の場合は、機能や価格など、自分のニーズにピッタリ合致するモノ以外はまったく受け付けないはずだ。

しかも、インターネットを代表とする情報通信技術の急速な進展の影響を受け、世の中にどのような商品があり、その特徴や価格などを簡単に確認することができてしまう。

こうした消費者の動向を考慮して、ただでさえ飽和状態の市場に次々に新たな商品やサービスが投入されている。もともと、販売というのは調達や生産などと比較して、「**不確実性**」の高いプロセスではあるが、新商品や新サービスが乱発される状況において、商品やサービスが売れるか否かに関する不確実性は極めて高くなっている。

では、販売における不確実性を低下させる方法として、どのような施策が考えられるだろうか?

●メニコンの「メルスプラン」

販売における不確実性を低下させる手法の1つに、先ほど説明した「関係性マーケティング」をあげることができる。例えば、メニコンが行なっている〝**メルスプラン**〟は、関係性マーケティング実践の成功事例として捉えることができる。

メニコンは、日本のコンタクトレンズのトップメーカーではあるものの、ジョンソン&ジョンソンやボシュロムなどの大手外資系メーカーと比較すれば、規模において大きく見劣りする。1990年代後半から、急速に普及し始めた「使い捨てコンタクトレンズ」の市場では、大手外資系メーカーが豊富な資金力のもと、大々的なテレビ広告をはじめとする強力なプロモーションを展開することによって、影響力を強めてきた。

こうした大手外資系メーカー主導の使い捨てコンタクトレンズの普及に対して、自社のハードおよびソフトコンタクトレンズ市場を死守するべく、メニコンが打ち出したのが〝メルスプラン〟である。

それまでは、メニコンも競合他社と同様に、単発でコンタクトレンズを販売していたが、メルスプランは会員制で、顧客は会員となって月会費を支払う。

コンタクトレンズの使用経験がある人なら思い当たるだろうが、例えば「自分の視力とやや合わなくなった」「コンディションが少し悪い」といった場合でも、コンタクトレンズは高額商品のため、簡単に買い替えるわけにもいかず、無理してそのまま使い続けるというケースが少なくない。

このような「**消費者の『困り事』**」に注目したメニコンは、無償でコンタクトレンズを交換する〝メルスプラン〟を発案する。つまり、メルスプランでは、コンタクトレンズを安心して長く使い続けることができるサービスの提供を実現している。

ここで、メルスプランの秀逸な関係性マーケティングのポイントについて整理しておきたい。

商品の単発的な購入ならば、消費者はその都度、気軽にメーカーや購入する店を変えてしまうが、会員になって会費が口座から自動的に引き落とされるようになると、深く考えずに会員登録をそのまま継続する場合が多く、つまり商品やサービスを使い続ける可能性が高くなるため、販売における不確実性を低下させることができるわけだ。

また、サービスを継続している間は、競合他社よりも顧客（会員）との接触頻度が高くなるため、顧客との関係性を強化でき、**ロイヤルカスタマー化**させるチャンスが広がる。

このようなサービスを実践するために、メニコンでは物流システムの完備、会員からの問い合わせ窓口となるコールセンター、販売店への教育など、多くの準備が必要となったが、それらの課題をうまく乗り越え〝メルスプラン〟を成功させている。

この〝メルスプラン〟のような関係性マーケティングの考え方に基づく「モノ売り」から「サービス提供」への転換は、競合他社との明確な「差」をつくるためのヒントになるはずだ。

Point 7

顧客を“個客”と捉える「ワン・トゥ・ワン・マーケティング」

◎ワン・トゥ・ワン・マーケティングとは？

前のポイント6「消費者と長期にわたる『関係性』を構築する」（151ページ）で説明した関係性マーケティングの実践的な手法としては、B・J・パイン、ドン・ペパーズ、マーサ・ロジャーズにより提唱された「**ワン・トゥ・ワン・マーケティング**」があげられる。このワン・トゥ・ワン・マーケティングは、漠然としたマス・マーケットを対象とするのではなく、顧客を選別したうえで、個別の顧客を対象としてカスタマイズされた商品やサービスを提供していくマーケティングの手法である。

この手法の肝は、何と言っても「**学習関係の構築**」にある。売り手が顧客のニーズを調査してカスタマイズされた商品やサービスを提供するのに対し、顧客は意見を述べる。こうして蓄積された顧客からの意見をもとに、売り手は次の商品やサービスを提供するというサイクルを繰り返し、顧客のニーズに適したアウトプットを創出することができるようになる。つまり、「**顧客を学習する**」ということである。また、こうした学習に費やされた時間は競合他社にとって圧倒的な「差」となる。なぜなら、時間の差は決して埋めることができないからだ。

現代では当たり前の存在となっているポイントカードやマイレージカードも、こうしたワン・トゥ・ワン・マーケティングの考え方を背景としている。個別の顧客のニーズを満たすためには、一人ひとりの個人情報やニーズを把握する必要があり、そのための第一歩として、ポイントカードやマイレージカードは普及してきた。

実際に、個別の顧客にカスタマイズされた商品やサービスを提供することは、コストの面で厳しい場合も多いため、最後まできっちりと実践できるかどうかという点には疑問が残るものの、高く売るための手法の1つとしては参考になるだろう。

◎「顧客選別」の悪影響

しかしながら、近年ではゴールドカード会員など、「**顧客を選別する**」ことに関しては、優遇されない顧客の反発により、逆に利益に悪影響を及ぼすといった研究も発表されてきている。

いかにして「上客」を優遇しながら、優遇されない一般客の不満を抑えるのか？

例えば、見えないように、こっそりと優遇することは有効であるようだが（上客の優越感は減退するかもしれないが）、いずれにせよ難しい問題である。

Case

「ワン・トゥ・ワン・マーケティング」の落とし穴
——航空会社の「上客優遇」は正しいのか？

●航空会社におけるシステムトラブル

筆者が出張先のアメリカから帰国する前日、搭乗予定であった航空会社に深刻なシステムトラブルが発生した。

そのシステムトラブルは翌日になっても完全には回復せず、多くの便で遅延や欠航が発生し、空港のカウンターでは搭乗便を変更する乗客の長蛇の列ができていた。そうした列の中に筆者もいたのだが、対応する窓口の担当者はたったの2名で、列に並んでいる客たちは、「このような調子では、一体いつになったら自分の順番が回ってくるのか」とかなり苛立っていた。実際、筆者も3時間程度は待たされたと記憶している。

ところが、よく周りを見渡すと、列こそできていたものの、比較的順調に流れているエリアがあった。カウンターには10名ほどのスタッフがおり、筆者が並ぶ一般客の列とはまったく別世界のスムーズさであった。

すでに察しのついた方もいるとは思うが、この航空会社をよく利用する客とビジネスクラス以上の客、つまり、その航空会社の「上客(優良顧客)」を相手にするエリアだった。当然のことながら、これらの上客の数はそれほど多くはなく、そうした客数に対して、一般客を相手にするスタッフの5倍の人員で対応していたため、混雑具合が一般客の列とは明らかに異なっていたのである。

筆者は、これほど混乱した事態でも、いわゆる上客に対しては利便性を損なわないサービスを提供し、一般客に対しては「いくら待たせてもやむなし」というような徹底した姿勢を目の当たりにして、怒りを通り越して、完全にあきれ果ててしまった。

●上客優遇の是非

このような対応について、皆さんはどのように考えるだろうか?

筆者同様、強い憤りを感じる人もいるだろう。あるいは、「上客は航空会社をよく利用し、会社の利益に貢献しているため、上客が特別の対応を受けるのは当然で、逆にあまり利用せず、利益にも貢献しない客が長時間にわたり待たされるのは仕方がない」と考える人もいるだろう。なかには、「自分は常に上客の立場なので、こうしたサービスを受けるのは当たり前であり、一般客の気持ちなど知ったことではない」と思う人もいるかもしれない。

人それぞれ意見が異なるとは思うが、こうした「**上客を一般客と区別する**」ことは、果たして企業の利益に貢献するのだろうか？

一般に、企業間競争が激化し始めたと言われる1980年代に、それまで主流であった新規顧客の獲得や取引時点にのみ注力するマーケティングに対して、一人ひとりの顧客と関係性を構築・維持し、忠誠心の高い顧客に育てていく重要性を説く「関係性マーケティング」は浸透してきた。こうした関係性マーケティングのもと、航空会社におけるマイレージプログラムや搭乗頻度の高い顧客の優遇、また小売店におけるポイントカードなどが急速に普及してきたわけだ。

しかし、このようなサービスは、大きく捉えれば、結局は「**値引きの延長**」にすぎず、「金の切れ目が縁の切れ目」という言葉どおり、関係性マーケティングの本来の趣旨とは異なっている。もちろん、業界のなかで1社のみが行なうのであれば、競争優位性の創出となるかもしれないが、ライバル企業も追随してくると、あっという間に同質化したサービスとなってしまう。逆に、「競合他社が行なっている以上、自社がやめるわけにはいかない」という消極的な理由により、やむなく継続している企業も少なくはないだろう。

しかし、近年では、**「優遇されない顧客の不満」**に注目した研究が目立ってきている。こうした不満の影響は決して小さくはなく、企業は優遇プログラムにより逆に利益を損なっているケースが多いと指摘されている。

もちろん、優遇されて喜ばない顧客はいないだろう。その一方、逆の立場に立てば、優遇されている客を見るのは決して気分のよいものではないはずだ。こうした相反する問題をいかに解決していくかが、ワン・トゥ・ワン・マーケティングを含めた関係性マーケティングに取り組んでいくときのポイントになるだろう。

Point 8

高く売って社会に貢献する「ＣＲＭ」

ＣＲＭとは？

近年、欧米を中心に盛んに取り組まれているのが、「**ＣＲＭ**（Cause Related Marketing：**コーズ・リレイテッド・マーケティング**）」である。単に商品を販売するだけではなく、社会に貢献し、消費者から高い支持を得ることを意図している。

このＣＲＭは、企業イメージを高めると同時に、利益の向上も狙う点で、「慈善活動」とは異なる。社会貢献の方法としては、企業が売り上げの数％を直接、特定の団体に寄付する場合もあれば、「国際フェアトレード・ラベル機構（ＦＬＯ）」や「レインフォレスト・アライアンス」といった団体に加盟するケースもある。

「**フェアトレード**」とは、直訳すれば「公平な貿易」となり、特定非営利活動法人フェアトレード・ラベル・ジャパンのホームページでは、「開発途上国の原料や製品を適正な価格で継続的に購入することにより、立場の弱い開発途上国の生産者や労働者の生活改善と自立を目指す貿易のしくみ」と紹介されている。

例えば、コーヒーやチョコレートなどを先進国の消費者が手ごろな価格で消費しているのに対して、現場で収穫する開発途上国の労働者は低賃金かつ長時間労働を強いられているという現実がある。この状況を踏まえ、原料を買い叩くのではなく、適正な価格で購入しようというのがフェアトレードの考え方である。このような取り組みに伴うコストアップ分は、商品価格に反映されるが、欧米を中心に、社会貢献に対して強い関心を持つ消費者からは支持されている。

また、レインフォレスト・アライアンスは、国際的な非営利団体で、地球環境保全のために、熱帯雨林の維持を目的として組織されている。

◎「値下げで不信感が発生する」をどう捉える？

こうしたＣＲＭに関わる商品に対して、大幅な値下げを行なった場合は、消費者から不信感を買い、販売が低下するといった研究も報告されている。したがって、逆の視点で捉えれば、「**CRMを活用すれば、低価格競争を回避できる**」と言える。

しかし、機能が同等の商品を大幅な高価格で購入する、もしくは低品質の商品を通常の価格で購入するといった消費者は極めて限られており、様々な工夫が必要になってくるだろう。

Case

高くても買ってしまう「理由」をつくる
――「フェアトレード」のマーケティングへの応用

●フェアトレードの世界規模の広がり

先日、筆者が勤務する大学で、エシカル・ペネロープというアパレルショップを経営し、東海圏でタレントとしても有名な原田さとみ氏の講演会が開催された。

エシカル・ペネロープは単なる洋服店ではなく、前述した「フェアトレード」の商品を扱う店である。

フェアトレードは、もともとアメリカ、イギリス、オランダなど欧米を中心に取り組まれてきた活動だが、近年、世界中に広がってきている。取り扱われている商品は、コーヒー、チョコレート（カカオ）、バナナといった食品のほか、衣料など多岐にわたっている。

●安売りの代償

改めて考えてみると、ファストファッションの衣料、スーパーマーケットで販売されているコーヒーやチョコレートは、昔と比べて、ずいぶん安くなっている。また、服を修繕して着るということは、今の時代では珍しくなっており、少しでもほつれたら、ポイッと捨ててしまう人も多いはずだ。

昭和という時代をしっかりと経験した筆者は、このように商品を使い捨て的に消費しながら、「我ながらいい身分だな」と思うことがしばしばある。

しかし、世の中は必ずどこかで帳尻合わせがされており、先進国における消費者が我が世の春を謳歌している一方で、開発途上国における生産の現場では年端もいかない子どもたちが労働に従事し、また大人ではあっても、低賃金かつ長時間といった劣悪な環境で労働を強いられている場合が少なくない。

こうした開発途上国における問題を解決するために、フェアトレード活動は行なわれている。倫理的にも正しく、純粋で心優しき日本の学生たちの関心を集めることも多く、数年前にマーケティングを主たるテーマとする筆者のゼミナールの学生たちも研究に取り組んだことがある。

ただ、研究としては、あまりうまくいかなかったというのが指導していた筆者の率直な感想だ。もちろん、学生たちは、自らが強く興味を持ったフェアトレードというテーマに対して、真正面から向き合い、懸命に研究した。しかし、その研究内容はフェアトレードという仕組みの素晴らしさや認証システムの探求などに終始していた。

生産者を尊重し、商品を買い叩くことなく適正な価格で仕入れるため、ファストファッションなどと比較すれば往々に販売価格が高くなってしまうフェアトレード商品を「いかに消費者に販売するか」という、マーケティングにおける王道的な問題として直視できなかった点が、十分な研究成果が得られなかった要因だと筆者は考えている。

極端なことを言えば、「お金儲けは悪である」というような考え方が支配的になり、商行為自体を否定するような勢いだった。

●フェアトレード商品のマーケティング戦略

講演会終了後の質疑応答の際、原田氏に次のような質問をさせていただいた。

・フェアトレードは寄付などの慈善行為と捉えるべきか、それとも純然たる商取引・ビジネスであるのか?

- ビジネスであるならば、割高となる場合が多いフェアトレード商品をいかに消費者に販売すればよいのか?

これらの質問に対する原田氏の回答は、次のとおりであった。

「フェアトレードを単なる慈善行為と捉えても、うまくはいかない。例えば、接客時に開発途上国の労働者の悲惨な実態などの話をすれば買ってくれる消費者もいるだろうが、そういうやり方では**『継続購買』**とはならず、**『1回きりの購買』**に終わってしまうことが多い。したがって、まず何よりも商品が魅力的でなければならない。商品のデザインや品質など、商品力が重要である」

原田氏のこうした発言に驚くとともに感服した。フェアトレードに携わる人は、もともと非常に倫理観が強く、「多少、デザインや品質に問題があっても社会貢献に関わることなので仕方がない」と考える傾向が強い(消費者にも強要する)のではないかという筆者の浅はかな偏見は見事に打ち砕かれた。

実際、フェアトレードのアパレル商品では、従来は民族色の強いデザインが多かったものの、現在では欧州のデザイナーが現地でデザイン指導を行ない、市場のなかで競争力を持つ商品となることを目指している場合も多いようだ。

また、天然の染料は、あまりにビビッド（鮮明）な色合いになってしまうことが多いため、泥などを混ぜて色を落ち着かせるといった工夫も施されている。

そのほか、よくよく考えると、フェアトレードで扱われるアパレル商品は手づくりの場合が多く、こうした小ロット生産の特性により、ファストファッションでよく見られる、「ほかの人と服がカブる」というような問題を避けることができる。

さらに、機械による大量生産では不可能な、手の込んだデザインや縫製の商品もつくることができる。

こうした商品の「**付加価値**」は低価格を強要せず、適正な価格で原料や製品を調達する分のコスト増を十分に上回るものとなり、消費者に継続的に受け入れられる商品となるだろう。

惚れ込んだ商品を仕入れて販売する「セレクトショップ」

◎セレクトショップとは?

売上規模はそれほど大きくはなくても、こだわり抜いて仕入れた商品を丁寧に販売することによって低価格競争とは一線を画す、いわゆる「**セレクトショップ**」という業態がある。

低価格に注目が集まる一方で、多くの消費者から強い支持を得ているセレクトショップが読者の皆さんの生活圏にもあるのではないだろうか。

例えば、インターネットの世界では、伊勢丹のカリスマバイヤーであった藤巻幸大(ふじまきゆきお)氏が立ち上げた〝藤巻百貨店〟などが有名である。

セレクトショップとしては、シップス、ビームス、ユナイテッドアローズといった大手アパレルショップを思い浮かべる人が多いことだろう。『大辞泉』（小学館）によると、セレクトショップとは、「衣類・家具・雑貨などの商品を、店主の好みや個性によって選んで品揃えし、生活様式や暮らし方を全体的に提案する店」と定義されている。

◎リアルでもネットでも小売業者が低価格競争に陥る理由

しかしながら、このセレクトショップの定義についてよく考えてみると、本来ならすべての小売店が基本的機能として保有すべき要素であるはずだ。にもかかわらず、わざわざセレクトショップという言葉が出てくるということは、現状の多くの小売店ではマーチャンダイジングに注力することなく、単にメーカーや卸売業者の意向に従い、ヒットしている商品ばかりを仕入れることに終始しているケースが目立っているからだろう。

また、アマゾンに代表されるネットの大手小売サイトは、「とりあえず、売れそうな商品はすべて揃える」という勢いだ。こうしたビジネスモデルの行きつく先は、低価格競争に陥ってしまうのがお決まりのパターンだろう。

Case

高く売る「小売マーケティング」――「セレクトショップ」の復権

●現代の小売業界の動向

「小売の寡占化」が急速に進んできている。イオンは大型モールを次々に出店し、セブン-イレブンをはじめ、コンビニも街における密度を高め続けている。

2008年の日本経済新聞社の調査によれば、専門店の上位5社のシェアを合計すると、家電ではヤマダ電機を筆頭に71・8％と、比較可能な04年度から12・8ポイント上昇している。また、家具ではニトリの影響が大きく04年度と比べると4・9ポイント高い92・3％にまで上昇している。

そのほか、カジュアル衣料ではユニクロ（ファーストリテイリングの完全子会社）、ライトオンなど上位5社で、04年度より1・4ポイント高い76・3％、紳士服も青山商事、AOKIホールディングスなど上位5社で78・2％と04年度より4・7ポイント上昇している。

こうした大手小売企業のシェア拡大という小売の寡占化を背景に、自主企画商品（PB）への着手が増加し、さらには取り扱うすべての商品を自主企画商品でまかなう製造小売業（SPA）といったビジネスモデルが台頭し、規模を武器とする「低価格化」が顕著になってきている。このような傾向は、現代の日本の小売市場の特徴と言えるだろう。

では、小規模の小売業者はいかにして、こうした大手の小売業者に対抗すればよいのだろうか？

これは、「メーカーの流通戦略」とも大いに関係してくる重要な問題である。

●常滑焼のセレクトショップ「morrina」

愛知県常滑（とこなめ）市には中部国際空港 セントレアがあり、古くから焼き物で有名な街である。現在、LIXIL（リクシル）の陶器ブランドとなっている〝INAX〟（イナックス）も、この常滑が創業の地である。この街の観光スポットに焼き物散歩道があり、土管坂、登り窯など、昭和にタイムスリップするような体験ができる人気の観光地となっている。また、散歩道沿いには、常滑焼を販売する店も点在しており、一人の陶芸作家の作品のみを扱う店から、数多くの商品を扱う店までバラエティに富んでいる。

筆者がたまたま立ち寄った常滑焼の店「morrina（モリーナ）」では、店主が信頼し、納得できる陶器をつくれる地元作家の作品のみを販売していた。まさに、常滑焼のセレクトショップというわけだ。「作家の作品」と聞くと敷居が高そうだが、取り扱う作品の価格帯を見ていくと、2000円程度の湯のみやコップ、1万円程度の急須などが中心となっており、一般の消費者でも十分に手の届く価格帯である。

しかし、100円均一ショップに行けば陶器のコップも買えるため、2000円のコップは同じ用途的価値でありながら、20倍の価格の商品となる。

では、この大きな価格差を埋めるには、どうすればよいのだろうか?

例えば、店の雰囲気は当然ながら重要で、morrinaは明治時代の木造の土管工場が綺麗にリフォームされ、古民家のような佇まいとなっている。また、生産地に所在しているという立地条件もプラスに働いているだろう。さらに、陶器を扱う家系で育った店主に加えて、陶芸に関する知識が豊富なスタッフによる丁寧な接客はやはり説得力が違う。また、作家との人間関係により、morrina専用品がつくられており、ほかの店では買えないという希少性も大切なポイントと言えるだろう。

そんなmorrinaにも課題はある。店主は「自らが惚れ込んだ商品の価値をどう消費者に伝えていくべきか」という難問に試行錯誤を繰り返す日々が続いているようだ。陶器をつくった作家について、以前は受賞歴などを紹介していたが、最近では作家のメッセージなど、より人間性が伝わるような情報提供に変更している。

また、2階のスペースを利用して展示会を開催するなど、作家と消費者が交流できる場も構築している。作家の創作にかける熱い思いや苦労は、機械で大量生産された商品との「**大**

きな価格差に対する消費者の認知を緩和」させることだろう。逆に、作家にとっても、消費者との交流は、今後の創作活動に有益に作用するはずだ。

ほかにも、「morrinaの器と暮らしのお話」というフリーペーパーを発行している。記事の中身は、チラシのような自店で販売している商品の紹介ではなく、「常滑焼とは?」「焼き物とは?」「器とは?」というように、器に関する知識を掘り下げる特集が組まれている。つまり、**自社商品の土壌となる器や焼き物の価値を向上**させようとしているわけだ。

●セレクトショップの復権

一人ひとりの仕入先（作家）や消費者を大切にして、一点一点の商品を丁寧に仕入・販売していくことは本来、小売商なら当然の役割のはずである。

低価格のみが強く訴求される現代だからこそ、こうした当たり前の取り組みを徹底することが競合する流通業者との「差」をつくることにつながり、大手流通企業への数少ない有効な対抗策にもなるはずだ。

低コストをテコにした「プレミアムPB」

◎PBとNBの違い

「**PB**（Private Brand：**プライベートブランド**）」は、「**NB**（National Brand：**ナショナルブランド**）」と比較すると明快に理解できる。

NBは、メーカーが企画・製造・販売を行なう一般的な商品である。例えば、カルビーのポテトチップス、ソニーのテレビ、サントリーのウーロン茶、アサヒビールの〝スーパードライ〟など、多くの商品が該当する。

一方、PBは本来、メーカーから購入し、販売することこそが役割である卸売業者や小売業者という流通業者が企画した商品である。例えば、イオンの〝トップバリュ〟やセブン‐イレブンの〝セブンプレミアム〟などが該当する。

◎プレミアムPBの出現

ＰＢは、流通業者自らが企画する自社商品であるため、中間マージンを削除できることに加えて、自社の売り場でのＰＲが可能なため、広告宣伝費も大きく低減することができる。その結果、ＮＢと比較すると、低価格での販売が実現している。

また、ＰＢは、単なる低価格に留まらず、自社店舗のみでの販売となるため、自店の顧客のニーズにマッチした商品開発が可能となる点も強みとして指摘されている。

さらに、近年では、〝セブンゴールド〟や〝トップバリュ セレクト〟に代表されるように、ＮＢよりも高い価格となる場合も珍しくない**「プレミアムＰＢ」**が**「品質の圧倒的な良さ」**を理由に人気を博している。

例えば、２０１３年４月に発売された〝セブンゴールド金の食パン〟は、１斤６枚入りで２５０円、ハーフ厚切り２枚入りで１２５円と、一般のＮＢと比較しても、５～６割も高価格となっているにもかかわらず、発売から５カ月足らずで累計販売数量が１５００万食に達している。

Case

「PB」だからこそ、素晴らしい商品が生まれる？
――「トップバリュ セレクト」の商品開発

「マーケティングとは何か？」という問いに対する一般的な答えは、「顧客を満足させること」であり、それに異議を唱える人はいないだろう。

しかし、筆者は、「**マーケティング＝高く売ること**」と捉え、プレミアム商品を主なテーマにして、高く売るためのマーケティングの研究に取り組んでいる。

アベノミクス効果により景気が上向いてきたとはいえ、実際のところ、店頭に並ぶ消費財の低価格競争は依然として激しいままの環境において、競合する他社商品よりも高価格であるにもかかわらず、それでも消費者が納得して買ってくれる商品をつくり上げることは、企業にとって「極めて挑戦的で、価値ある目標になる」と考えているからだ。

とりわけ、人件費をはじめとして、様々なコストが高くなってしまう日本企業にとっては重要な課題である。

●PBのメリット

こうしたプレミアム商品の研究を本格的に始めて約10年が経過した。当初は、メーカーが企画する一般的なNBで大ヒットしているプレミアム商品にのみ注目していたが、最近は小売業者が企画・販売するPBも調査対象としている。

PBは小売業者が企画するため、自社専用の商品となるパターンが主流となっている。そのため、素晴らしいPBができれば、**「顧客の囲い込み」**に大きく貢献する。

また、自社商品ゆえに卸売業者は介在せず、中間マージンが発生しない。さらには、広告宣伝なども抑えられる場合が多く、NBよりも低価格に設定してもNB以上の利益率となる。このように、PBは小売業者にとって極めて重要な商品群だと言える。

商品開発や製造を引き受けるメーカーにとっても、PBは小売業者の「引き取り」が確約され、しかも大規模な注文数量になる場合が多く、大きなメリットがある。自社のNB商品との**「カニバリゼーション**（共食い）**」**に関しては、通常のPBは徹底した低価格志向のもと、原料や製法などにおいて見劣りする場合が多いため、少し前までは大きな問題にはなっていなかった。

しかし近年、勢いを増すイオンやセブン-イレブンを筆頭に、PBの品質は大きく改善し、NBに対する競合商品になってきている。

●「高く売る」プレミアムPBの誕生

こうした通常のPBの品質が向上してきていることに加えて、NBと同等もしくは高価格で販売される**「プレミアム（高付加価値）PB」**も誕生してきている。

代表的なプレミアムPBとしては、イオンの〝トップ バリュセレクト〟や〝金の食パン〟に代表されるセブンの〝セブンゴールド〟があり、両者ともに多くの消費者から高い評価を得ている。

しかし、筆者にとって、プレミアムPBの誕生は理解に苦しむものであった。その理由については、次のとおりである。

- 通常のPBであれば、メーカーの力を借りながら商品の企画・開発が可能だろうが、モノづくりに関する技術力のない小売業者が、いかにしてプレミアムPBに取り組んでいるのか？
- プレミアムPBが市場に投入されているということは、当然のことながら、メーカーが製造を引き受けている。しかし、プレミアムPBは、自社NBと同等、時にはそれ以上の品質を小売業者から要求されるため、自社NBとのカニバリゼーションがさらに深刻化するのではないだろうか？

・そもそも、ＰＢのほうが自社ブランドを冠したＮＢよりも高付加価値となると、メーカーとしての「アイデンティティ（自身の拠りどころ）」はどうなるのだろうか？

このように考えると、メーカーが小売業者からのプレミアムＰＢの製造要求に応える理由が筆者には見つけられなかった。

よく指摘されているように、小売業者からの要求を断わると、ＮＢの取り扱いを制限されるといった、メーカーと小売業者のパワー関係が背景にあり、メーカーは引き受けざるを得ないということかもしれないが、何かほかにも理由があるのではないだろうか？

●「トップバリュ」の秘密

こうしたプレミアムＰＢの実態を確認するために、イオン本社近くの幕張メッセで開催されたトップバリュ展示会に参加して、会場でインタビューを実施した。

その展示会の会場に向かう途中、ずっと「トップバリュ展示会とは何か？」という疑問で頭の中が混乱していた。なぜなら、ＮＢの展示会ならば、流通業者向けと察しはつくものの、小売業者自身が企画するＰＢの展示会が対象とするのは誰なのか、一般の消費者向けなのか、イオンが抱えるモニター向けなのか、あるいはまったく別の対象者が存在するのか、皆目見当がつかなかったからだ。

この点を踏まえて、イオンの担当者に、商品開発および店舗への供給について質問したところ、「トップバリュ商品の開発は、トップバリュ株式会社が担当しており、一方、実際にどの商品を店頭に置くか否かは一部の基本ラインを除き、各店舗の裁量による」という返答があった。

つまり、同じグループ内でも、開発された商品が自動的に店頭に並ぶといった甘えは排除される仕組みになっているわけだ。そのため、トップバリュ展示会は商品を開発したトップバリュ株式会社が仕入れるか否かを決定する各店舗の代表者に向けて実施している。

この展示会に参加する代表者は、単に店長やバイヤーといった限られた担当者だけではなく、各店舗で働くパート従業員まで含まれている。こうしたパート従業員は各店舗が所在する地域に暮らす主婦である場合が多く、リアルな顧客のニーズを反映した商品の選択が行なわれることになる。インタビューに対応してくれた担当者からは、「パート従業員が最初のお客様であり、この人たちに気に入ってもらえなければ、どうにもならない」というコメントがあった。

また、この展示会では、既存のトップバリュ商品に対する意見集約に留まらず、例えば、〝真崎のわかめ〟のように、パート従業員から地元の名産品に関する情報を収集し、実際に商品化されるケースも出てきている。さらに、商品に関する情報収集という範疇(はんちゅう)を超え、自らの意見や提案が商品に反映されることにより、パート従業員のイオンへの帰属意識や日ごろの業務へのモチベーションは大きく高まるはずだ。

●プレミアムＰＢをどのように企画するのか？

トップバリュの商品づくりにおける重要なポイントは、「**消費者の声を生かす**」仕組みに表れている。まず商品の発売前に、味、機能、価格、容量等に関して消費者による評価が行なわれる。こうした調査で高く評価されたものが実際に発売され、さらに発売後にも、味、機能、価格、パッケージデザイン、容器の大きさや使い勝手等に関して消費者による評価が行なわれる。そして、その評価に基づいて、商品カルテが作成される。

その後、消費者の評価から抽出された課題に対する改善が行なわれ、リニューアル製品の発売というサイクルになっている。ちなみに、調査に協力しているモニターの数は10万人にも及ぶようだ。

筆者はこれまで数多くの消費財メーカーに対して調査を行なってきたが、実際にこれほどの規模で「**マーケティングリサーチ**」が実施されている例は見受けられなかった。

そもそも小売業者は、毎日、消費者と顔を合わせており、さらにこうしたリサーチの体制が構築されていれば、消費者ニーズの把握という点において、多くの消費財メーカーを圧倒していると言えるだろう。

また、「商品開発や生産に関する技術力がない」という小売業者の弱みは、「**愚直に消費者志向を貫く**」という強みに変化しているかもしれない。逆に、技術力という強みがあるメーカーでは自社のこだわりのために、かえって消費者ニーズと離反するケースもあるだろう。

さらに、〝トップバリュ セレクト〟のなかには地域限定の商品もある。

NBは一般に、日本中の消費者を対象とする。そのため、まず日本に点在する大小様々な小売店に扱ってもらわなければならない。こうした状況では、「**個性溢(あふ)れる尖った商品**」の展開は難しく、誰も文句を言わない無難な商品づくりに陥りがちである。しかも、マス広告によるイメージアップも重要な課題となる。

一方、地域限定商品の場合には、特定の地域にあるイオンに来店する消費者だけを対象とした商品づくりが可能になる。

また、高品質ブランドである〝トップバリュ セレクト〟では、低価格を訴求する必要がないため、中間マージンのカットや広告展開を実施しないことにより削減したコストを、高品質の素材や手間のかかる製法などに転嫁することができる。これまでの通常のPBはコストの削減によって売価を下げるという考え方であったが、〝トップバリュ セレクト〟などのプレミアムPBでは、まさに「**逆転の発想により、高く売る**」マーケティングが成立していると言える。

一方、メーカーにとっても、プレミアムPBへの着手は、通常のPBと比べて企業イメージの向上につながり、さらに自社では展開しにくい「個性溢れる尖った商品」に挑戦することができ、こうした商品に対する消費者の反応を見極めながら、NB商品の開発に生かすというマーケティングリサーチの効果もある。

トップバリュ展示会でのインタビューを終え、当初の疑問は吹き飛び、「**PBだからこそ、高付加価値の商品が生まれる**」ケースもあることを強く感じた。

このプレミアムPBのメカニズムや発想法は、今後、新たにPBに参入しようと考える流通業者はもちろん、PBに取り組む予定がない流通業者、さらにはメーカーにとっても、「高く売る」ための方法論の1つとして参考になるはずだ。

一気通貫するビジネスモデル「SPA」の本質

◎SPAとは？

「SPA（Speciality store retailer of Private label Apparel：**製造小売業**）」は、アメリカの大手アパレル企業、GAPが自らのビジネスモデルについて説明した言葉である。独自の衣料ブランドを持つ特別な小売商、つまり自社で製造して消費者への販売まで手掛けるアパレルメーカーかつ小売商ということになる。

近年では、アパレルに限定されず、「製造小売業」全般に使われている。PBとの関連性について言えば、店内に陳列する全商品が自社のPBである場合には、SPAと捉えてよいだろう。

◎低価格販売だけではない、ＳＰＡの強み

ＰＢ同様、ＳＰＡも中間マージンカットに伴う低価格販売に注目が集まっている。しかしながら、ＳＰＡでは、全商品を自社で企画・販売するため、店舗と商品のマッチング（組み合わせ）など、自店の「**顧客に徹底的に寄り添った、統一感のある取り組み**」が可能となる。

例えば、無印良品は、雑貨から食品、衣類、家電など、様々な種類の商品を取り揃えているが、それでもなお統一感のある独特の雰囲気が創出できているのは、ＳＰＡならではだと言えるだろう。

Case

「SPA」の真の強みとは？――「無印良品」のマーケティング

●好調な無印良品

〝無印良品〟は、それほど安くないにもかかわらず、業績は好調のようだ。商圏は日本国

内に留まらず、海外にも423店（2017年7月時）を出店し、国内の店舗数を上回る勢いとなっている。ちなみに、中国や台湾などの海外では〝MUJI〟として人気のブランドとなっている。

筆者のような中年男性ですら、たしかに無印良品の店や商品に対して、よい雰囲気を感じてしまう。こうした無印良品の魅力は、どのようにして生まれているのだろうか？

●無印良品のコンセプト

無印良品は、1980年に西友のPBとして誕生し、1989年に株式会社良品計画（無印良品と表記）として独立している。商品は40品目からスタートし、現在は7000品目以上にまで拡大している。多くのPBが単に低価格のみを訴求してきたなか、無印良品はいかにして低価格と一線を画し、オシャレな人気ブランドになり得たのだろうか？

まず、コンセプトに注目したい。無印良品の有名なコピーである「わけあって安い」をご存じの方も多いのではないか。例えば、初期のヒット商品である「こうしん　われ椎茸」という干し椎茸の安さの秘密は、形が不揃いだったり、割れていたりすることによるが、ダシを取ったり、切ったりして使う場合が多い干し椎茸の使用方法を考えれば、こうした点は何ら消費者の不利益にならない。こうした点が無印良品の確固たるコンセプトになっている。

また、無印良品のホームページ上では、創設時から続く3つの原則として、「①**素材の選択**」「②**工程の見直し**」「③**包装の簡略化**」が記されている。さらに、「極めて合理的な生産工程から生まれた商品はとても簡潔です。言わば〝空っぽの器〟のようなもの。単純であり空白であるからこそ、あらゆる人々の思いを受け入れられる究極の自在性がそこに生まれます」というコンセプトに関するコメントも掲載されている。実際の無印良品の店舗や商品には、こうしたコンセプトが見事に反映されていると言えるだろう。

しかし、この無印良品とは反対に、立派なコンセプトを掲げてはいるものの、そのコンセプトを具現化できていない企業が多いのが現実である。では、なぜ無印良品はコンセプトどおりの店舗づくりや商品づくりを実現することができているのだろうか？

●無印良品の仕組み

もちろん、経営陣やスタッフが強く経営理念に共感し、全力で取り組んできたというマネジメント的な要素もあるだろうが、筆者は「ＳＰＡ」という業態に注目したい。

無印良品のすべての商品は、自社で企画・開発され、流通・販売まで行なわれている。同様のビジネスモデルを採用している企業には、ユニクロやニトリなどがある。こうした

SPAの強みとして、「中間コストの削減による低価格」がしばしば指摘されるが、それ以外にも大きなメリットがある。

例えば、1990年代に大ヒットした無印良品のシンプルなCDプレイヤーの例で言えば、仮に量販店で販売するとなると、競合他社の商品との差をつくるために追加的機能を付加したり、商品を陳列場所で目立たせるためにPOPなどをつけたりする必要がある。そうした場合、せっかくのシンプルなデザインが台無しになるという問題が生じてしまう（「モノ・マガジン」No・775）。

つまり、必要な機能以外は大胆に排除した、徹底してシンプルなデザインを特徴とする無印良品の商品は、企画から販売までをトータルにコントロールできるSPAだからこそ、成立しているわけだ。

●無印良品の商品開発

商品開発に関しても、無印良品はユニークだ。例えば、ベッドの改良と言えば、「より寝やすく」などの睡眠に関する要素に注力してしまいがちだが、無印良品ではワンルームマンションに暮らす単身者に注目し、こうした消費者のベッドをソファの代わりに使うことが多いというニーズに応えて、端に腰かけても深く沈み込まないような改良などを実施している。

●「真の差別化」に向けて

現代の日本社会における低価格化の進展は、技術の成熟化により競合他社の商品やサービスとの**「機能的な差別化」**が困難となる**「コモディティ化」**（商品やサービスの同質化）」の影響に起因するところが少なくない。

こうした低価格競争から脱出するための切り札として、しばしばブランドが注目される。しかし、前にも述べたように、商品やサービスと切り離されて語られることが多い「ブランド」に対して、筆者は否定的である。

無印良品は、このケースの冒頭でも触れたように、日本国内だけでなく、海外でも〝MUJI〟として人気のブランドとなっている。その要因が、単にイメージアップを図るような広告展開ではなく、消費者に提供したい商品のコンセプト、それを見事に具現化させる**「仕組み」**や**「組織力」**であることは間違いない。

この無印良品のケースは、**「真の差別化」**を模索する多くの企業に、有益な示唆を与えてくれるだろう。

夢を強く語れる最高マーケティング責任者「CMO」の必要性

◎大きく儲けられない企業が多い理由

世の中の多くの物事において、「**費用対効果**」をどのようなバランスで考え、対応していくかということは極めて重要なテーマである。ましてや、営利を目的とする企業では、最も重要な課題であると言っても過言ではないだろう。

市場が成長していく時代では、長期的な視点から研究や商品開発、プロモーションなどに大きな投資を行なうことは難しくない。しかし、現代の日本のように、市場が縮小する時代においては、投資に対して消極的な判断に至るケースが極めて多い。

また、今の日本の大手企業では、創業者が役職を退き、社員のなかから登用された、いわゆるサラリーマン社長が多く、悪い意味での堅実経営、つまり「消極的な経営」に傾きがちだ。「株主重視」が叫ばれる風潮も、企業が長期的な展望に立ち、積極的に事業を展開していくことを阻害している。日本の大手企業の多くが、大きくは儲けられない状況に陥ってしまっている要因は、技術の成熟化、新興国企業の進展などに加え、こうした消極的な経営にあるのではないだろうか？

◎コトラーも推奨する「CMO」の設置

このような状況において、CFO（Chief Financial Officer：最高財務責任者）の影響力が増加してきているが、未来への投資なくして、企業としての成長はない。

本書の中で何度も紹介している、マーケティングの第一人者であるフィリップ・コトラーは日本企業のマーケティングを絶賛してきたが、逆に近年では、とりわけ日本企業において「**『夢を語れる強い』CMO**（Chief Marketing Officer：**最高マーケティング責任者**）」が重要であると強調している。日本企業の消極性は、海外でも目立っているということだろう。

本書では、「マーケティングは全社的に取り組まなければならない」ということを繰り返し強調しているが、全社的な取り組みを実行するには、お飾りではない、強い権限を持つＣＭＯの設置が日本企業にとって喫緊の重要課題となっている。

Case

効果的なマーケティングが実現する「組織体制」とは？

●職能別組織の長所と短所

「小さな規模の組織であれば、マネジメントは必要ない」と断言するのは言いすぎかもしれないが、少なくともマネジメントについて強く意識する必要はないだろう。具体的に言えば、社長が全社員の顔と名前が一致する規模の企業ならば、社長自身が一人ひとりの社員に目を配らせて、エンカレッジ（勇気づけ）していけばよいからだ。

一方、何百人という大きな規模の企業の場合、マネジメントは極めて重要となる。まず、その第一歩として、**「組織体制」**が問題になる。多くの企業は、**「職能別組織」**という体制になっており、営業、開発、生産、人事、経理といった職能ごとに部門が分かれている。重要な意思決定は、社長や取締役会といったトップレベルで行なわれ、その意思決定のもと、部門ごとの分業体制で物事が進められていく。

こうした体制では、社長の指示に基づき、全社一丸となった取り組みが行なわれ、また社内の資源をムダなく有効に活用することが可能となる。

しかしながら、組織のスタッフ全員で頑張るというスタンスは、たしかに美しいものの、責任の所在を曖昧にするという問題もはらんでいる。

例えば、国がしばしば民間レベルでは考えられないほど、ムダなお金の使い方をしてしまうのは、財布（財源）があまりにも大きすぎるため、誰も費用対効果など考えなくなってしまった結果だろう。

●事業部制組織の長所と短所

こうした職能別組織の問題を解消するための組織体制が「**事業部制組織**」である。具体的には、商品群やサービス群ごとに事業部を設置し、そのなかに営業、開発、生産、人事、経理といったすべての職能を置き、あたかも1つの会社のように各事業部に収益の責任を持たせている。なお、アメリカでメジャーになったこの体制を、日本では松下電器（現パナソニック）が初めて採用したと言われている。

この事業部制を採用すれば、どの商品が儲かっている、逆に儲かっていない、ということが一目瞭然になる。また、各スタッフ個人の責任感も増すだろう。

しかしながら、各事業部に同じような職能の部署を設置することは、経営資源の重複、つまり大きなムダが発生してしまうことになる。

また、これは有名な話だが、事業部制を採用する大手家電メーカーで〝テレビデオ（テレビとビデオが一体となった商品）〟の開発が遅れた要因として、テレビとビデオで事業部が分かれていたため、部門同士がうまく連携できなかったという問題も指摘されている。

●マトリクス組織の普及

このような事業部制の問題を解決すべく、普及してきているのが「**マトリクス組織**」だ。

マトリクス組織とは、例えば、従来の縦割りの職能別組織に、プロジェクトや商品ごとに横串を通して、マトリクス（行列）のような形態になった組織である。また、社内の基礎的な研究部門を横串として、その研究部門を全社で有効に活用するようなマトリクスのパターンもある。

●日本企業のCMO設置率は1％未満

このような組織体制の問題に加えて、意思決定やリーダーシップもある程度の規模に膨れ上がった組織では問題となる。

例えば、各事業部から上がってきた開発案件について、全社的な視点に立ち、コスト面を重視するCFO（最高財務責任者）と、新たに開発されるものが会社にもたらす価値を重視し、その価値を最大化させていくCMO（最高マーケティング責任者）が議論を重ね、最終的にはCEO（最高経営責任者）が判断する体制が理想的な組織の姿である。

しかし、CMOに関して、欧米の大手企業では半数以上が設置しているが、日本では1%にも満たず、改めて日本におけるマーケティングの位置づけの低さを感じてしまう。

この数字は、「自分たちこそがプロで、すべてわかっている」「日本企業は卓越した技術、現場力を持っている」「顧客志向は大切だが最重要課題ではない」といった日本企業の本音を表していると言えるだろう。

自らが愛していない商品が低価格競争に巻き込まれるのは必然だ

◎「精神論」をバカにしてはいけない

「何だ、結局は精神論か！」という批判を読者の方から受けるかもしれないが、「胸を張って、そのとおり精神論だ！」と言い返したいほど、自社の商品やサービスに対する「**商品愛（サービス愛）**」というものの重要さを、筆者は痛切に感じている。

果たして、何割のビジネスパーソンが自社の商品やサービスを愛しているのだろうか？

1割にも満たないのではないだろうか？

筆者にも企業勤めの経験があるが、自社の商品への愛なんてまったくのゼロであった（そんなことだから、長く勤務し続けることができなかったのだろう）。

その後、研究者となり、多くの企業に対して、個別訪問面接調査を行なってきた。販売不振など、うまく事が運んでいない商品やサービスに対しての取材に対応してくれる企業は極めて少なく、そのため順調に推移している商品やサービスに関する調査が中心であった。

◎うまくいっている企業の共通点

もちろん、商品やサービス、企業の社風、担当者の個性により、話の内容は様々であったが、共通しているのは、「**この商品やサービスは、この会社で愛されている**」と感じる点であった。すなわち、これがうまくいっている企業の共通点ということだ。

逆に言えば、自分たちが愛していない商品やサービス、そして会社が、他者である顧客から認められるわけがない。

本書のポイント3「セオリーを超える『プレミアム商品』のマーケティング」でケース（121ページ）として紹介した豆太の岡内社長が「そろばんを弾くことは後回しにして、とにかく、よい商品をつくることに精力を傾けた」というコメントに大いに感動したことは今でも忘れられない。

Case

自分たちの会社、商品やサービスを愛しているか？

――「トヨタの豊田章男社長」がテストドライバーになった理由

●「事業の多角化」の弊害

トヨタ自動車の高級ブランド〝レクサス〟が中国でイベントを開催し、そこにインターネットの世界で高い情報発信力を持つ中国の著名人を招いたという記事が掲載されていた。その内容は、著名人たちにサーキット場でトヨタ社長の豊田章男氏が運転する〝レクサスLC〟の助手席に乗ってもらい、レクサスの素晴らしさを体感してもらうというものであった。

トヨタの現役の社長にレクサスを運転してもらうとは、何とも贅沢で、中国の著名人も、さぞや気分がよかったのではないかと推測される。プロモーションにおいて、このような経営者の活用の仕方もあるのかと興味深くもあった。

トヨタ創業者の豊田喜一郎氏を祖父に持つ豊田章男氏は、慶応義塾大学法学部を卒業した後に渡米し、ハーバード大学やスタンフォード大学といった超有名校ではなく、バブソン大学大学院でＭＢＡ（経営学修士）を取得している。日本ではあまり耳にすることはないかもしれないが、バブソン大学はアントレプレナーシップ（起業家論）の分野では世界トップレベルであり、こうした学校選びにも豊田氏のユニークさが表れているかもしれない。ちなみに、イオン社長の岡田元也氏も同大学院を修了している。

また、豊田氏は国際C級ライセンスを取得するほどのクルマ好き、レース好きで知られており、実際にニュルブルクリンク24時間耐久レースなどにも出場している。大企業の現役社長がこのような活動をすることに対して、事故のリスクなどを理由に批判の声もあるようだが、読者の皆さんは、どのように考えられるだろうか。

少し話は変わるが、筆者は以前、「事業の多角化」に大きな関心を寄せていたことがある。既存資源を有効活用しながら新規事業に取り組む多角化は、リスクを低減させ、成功確率を高めると広く知られており、企業を取り巻く環境が激しく変化する時代において長期にわたって組織を存続させるために重要な取り組みであると考えたからである。

しかしながら、極めて個人的な経験ではあるが、多角化により展開されている、ある飲食店を客として訪問したときに、多角化に対して大きな疑問を持つようになった。なぜなら、その店のスタッフが自分たちの商品（メニュー）やサービスに対して、何のこだわりも持っていないと痛切に感じたからである。

もちろん、筆者が利用した、その店舗だけがたまたまそうであった可能性も否定できないが、既存の経営資源の有効活用をベースに、儲かりそうな事業を探すという多角化は、構造的に商品やサービスに対しての「こだわり」「愛」「覚悟」といったものを後回しにしてしまうのではないだろうか。

●自社の商品やサービスについて夢を語れるか?

また、少し話が逸れるかもしれないが、何年かに一人程度、新入生が筆者の研究室を訪ねてきて、「自分は経営者になりたいが、どうすればよいか?」といった質問を受けることがある。

そのとき、「そうか、がんばれ!」と言うべきかとも思いつつ、眼をキラキラさせた若者に申し訳ないが、「なるほど。それで、どのような事業がしたいのか?」と尋ねてしまう。すると、100%の確率で、何も語ることなく、無言で終了となる。

本書で何度も紹介したフィリップ・コトラーは、講演会で「ビジネスの世界でCFO(最高財務責任者)の力が強くなってきているが、行きすぎた費用対効果の追求など厳格な資金管理はイノベーション力を低下させる。夢を語れるCMO(最高マーケティング責任者)をどの企業も配置するべきだ」といった意味合いの発言をしていたが、本当に「そのとおりだ」と強く共感した。

ちなみに、トヨタ社長の豊田章男氏は、レクサス事業を統括するレクサスインターナシヨナルの「**CBO（最高ブランド責任者**：CMOと同義と捉えられる）」と、マスタードライバー（テストドライバーの頂点に立つ存在）にも就任している。

自らが所属する会社の商品やサービスを愛することは当たり前のように思われる。しかし、実際にそうなのだろうか。とりわけ、大企業への就職を希望する人のなかには、よい商品やサービスではなく、よい給与、安定性、福利厚生などを求めるケースが多く、入社後、惰性で何十年も勤め続けるというパターンは決して少数派ではないだろう。

大企業の社長のなかに、自社の事業（商品やサービス）を心の底から愛し、覚悟や夢を持って取り組んでいる人が果たして何人いるだろうか。

自動車メーカーの社長がマスタードライバーに就任し、レースにも出場するほどクルマを愛している。こうした、本来なら極めて当たり前のことが、今の日本では不思議なほど新鮮に思えてしまう。このような経営トップの姿勢が、従業員や消費者に大いにプラスの影響を与えていることは間違いないだろう。

おわりに――「顧客志向」を疑う?

●顧客志向の罠

最後に、ここまで本書を読んでいただいた読者のなかには、「やはり**『顧客志向』**が何よりも大切だ」と感じてくれた方もいるかもしれないが、「顧客志向」は本当に正しいのだろうか?

たしかに、マーケティングリサーチを綿密に行ない、顧客の要望に応えるような商品やサービスを提供すれば、顧客はある程度の満足感を得られるだろうが、それは競合他社よりも圧倒的に高いものだろうか?

激しい低価格競争を回避し、適正な利益を確保することができるレベルのものだろうか?

さらには、競合他社よりも高価格であっても購入してもらえるだろうか?

もちろん、顧客志向は重要なマーケティングの要素であり、きっちりと心に留めておかねばならないが、それを踏まえ、大きく飛び越える覚悟が重要ではないだろうか?

自分たちが顧客に提供したい熱い思いのようなものが、商品やサービスに詰まっていなければ何も始まらないのではないだろうか?

職人やアーティストの仕事であれば当たり前の、このようなことを企業という組織のなかで具現化することは極めて難しい。

だからこそ、本書の中で何度も述べたように、マーケティングを全社員で共有し、全社的に取り組むことが重要となる。顧客に競合他社との圧倒的な「差」を認めてもらうために、これ以外の途はないことは明らかだ。

Case

「自らの誇り、こだわり」VS「顧客志向」
——ニッカウヰスキーとサントリーの創業者

●マーケティングを考え直す格好の材料

2014年から2015年にかけて、NHK朝の連続テレビ小説で放映された『マッサン』を楽しみにしていた人も多いのではないだろうか？

ニッカウヰスキー創業者である〝マッサン〟こと竹鶴政孝氏と、サントリー創業者である〝大将〟こと鳥井信治郎氏との対比は興味深く、マーケティングの有効性や限界などを改めて考えさせられた。

●マッサンと大将の対照的な行動

スコットランドでウイスキーづくりを学んだ、ニッカウヰスキー創業者のマッサンは、日本に帰国した後、本場の〝スモーキーフレーバー〟という香りにこだわった本物のウイスキーづくりに情熱を注ぐ。

しかし、ウイスキーに慣れていない当時の日本人にとって、この香りは「煙くさい」と不評を買い、販売も順調には推移しなかった。しかも、スモーキーフレーバーへのこだわりは、コストがかさみ、価格を高く設定せざるを得なかった。そんな逆境のなかでも、マッサンは信念を貫き、粘り続け、最後に成功を収めるというストーリーでドラマは終わる。

一方、サントリー創業者の大将は本物であるか否かは二の次で、当時の日本人の嗜好に合わせた飲みやすいウイスキーづくりを実践する。また、商品のプロモーション活動にも極めて積極的で大きな成功を収めている。

●マーケティング的考察

では、マーケティングの視点で考えた場合、マッサンと大将、どちらが優れているのだろうか?

マーケティング活動の目的は、「顧客満足の最大化」であると広く認知されている。そのため、まずマーケティングリサーチなどの実施により消費者ニーズを把握し、ニーズに見合う商品を開発する。さらに、つくって終わりではなく、消費者へのプロモーション活動も重要なポイントであると指摘される。

こうしたマーケティングのセオリーと照らし合わせると、「マッサンよりも大将のほうが優れている」と簡単に決着がついてしまう。

●顧客満足を超える、顧客に挑む

本書の「はじめに」でも述べたが、世界的に著名なスイスの時計メーカー、スウォッチの生みの親であるN・G・ハイエックは「当社のポリシーは顧客を満足させることではなく、顧客を刺激することだ」と語っていた。このポリシーのもと、スウォッチは競合他社の商品と明確な「差」のある斬新なデザインの商品、広告、店舗などを実現させている。

一方、日本のメーカーは、顧客ニーズに合わせた商品をつくって、適正な価格で売ることには長けているものの、裏を返せば、何とか顧客から合格点を得ることができる程度のレベルに留まってしまい、高い満足度に基づくロイヤリティ（忠誠心）の獲得までには至らないケースが多い。

こうした視点から、ニッカウヰスキー創業者のマッサンの行動を捉えると、彼の執拗なまでの本場のスモーキーフレーバーにこだわった行動が競合他社との明確な「差」につながり、数多くのウイスキーメーカーが濫立した激しい競争のなか、ニッカウヰスキーが長きにわたり存続できた大きな要因になったと捉えられる。

筆者は巷に溢れるブランド構築法のようなものには懐疑的である。しかし、マッサンのように創業者が強い信念を持ち、その達成に向けて組織一丸となり、長きにわたり努力を続けたプロセスは競合他社が簡単にマネできるはずもなく、決してお手軽な方法ではないが、これこそが、「真のブランド構築法」と呼べるかもしれない。

●「顧客志向」を疑う？

そもそも人間の本質に鑑みれば、自らがベストを尽くした最高のアウトプットというものは、他人（顧客を含む）が望んでいるという「受け身の姿勢」からは生まれないのではないだろうか？

また、「顧客を満足させる」ことが、顧客に対して作為的なアウトプットに終わってしまっているケースも少なくないだろう。

つくり手や売り手自身が自らと誠実に向き合い、苦しみ抜いた先に、こだわりの詰まった最高のアウトプットが生まれるのではないだろうか？

競合他社との「差」というものは、要は自分たちの力を絞り出した総量の差ではないだろうか？

このように考えると、「何はともあれ、顧客志向」という発想は疑う必要がある。

まずは、「**自分志向**」、つまり、「**自分たちが思い描くすべてのことを完全に実行した後に、顧客への適応を試みる**」という発想が、競合他社を圧倒する「差」をつくり、商品やサービスを高く売るマーケティングにおいて重要なポイントになるかもしれない。

◉主要参考文献

伊丹敬之・加護野忠男（2003）『ゼミナール経営学入門（第3版）』日本経済新聞社
D・A・アーカー（1994）『ブランド・エクイティ戦略─競争優位をつくりだす名前、シンボル、スローガン』ダイヤモンド社
D・A・アーカー（1997）『ブランド優位の戦略─顧客を創造するBIの開発と実践』ダイヤモンド社
K・L・ケラー（2010）『戦略的ブランド・マネジメント（第3版）』東急エージェンシー
P・コトラー&G・アームストロング（2003）『マーケティング原理（第9版）─基礎理論から実践戦略まで』ダイヤモンド社
大﨑孝徳（2010）『プレミアムの法則』同文舘出版
P・コトラー&K・L・ケラー（2014）『コトラー&ケラーのマーケティング・マネジメント（第12版）』丸善出版
嶋口充輝（1986）『統合マーケティング─豊饒時代の市場志向経営』日本経済新聞社
P・F・ドラッカー（2001）『マネジメント［エッセンシャル版］─基本と原則』ダイヤモンド社
J・B・バーニー（2003）『企業戦略論（上・中・下）』ダイヤモンド社
D・ペパーズ&M・ロジャーズ（1995）『ONE to ONE マーケティング』ダイヤモンド社
M・E・ポーター（1982）『競争の戦略』ダイヤモンド社
M・E・ポーター（1985）『競争優位の戦略─いかに高業績を持続させるか』ダイヤモンド社

カ行

サ行

タ行

ナ行

ハ行

マ行

ラ行

ナ行

ハ行

マ行

ラ行

ワ行

[人名・組織名・ブランド名・商品名など]

欧文

ア行

サ行

タ行

索　引

[事項]

数字・欧文

ア行

カ行

大﨑孝徳（おおさき　たかのり）
名城大学経営学部・教授。1968年、大阪市生まれ。民間企業等勤務後、長崎総合科学大学・助教授、ワシントン大学・客員研究員、デラサール大学・客員講師などを経て現職。九州大学大学院経済学府博士後期課程修了、博士（経済学）。
著書に、『すごい差別化戦略』（日本実業出版社）、『プレミアムの法則』『「高く売る」戦略』（以上、同文舘出版）、『ＩＴマーケティング戦略』『日本の携帯電話端末と国際市場』（以上、創成社）などがある。
e-mail：takanori.osaki@gmail.com

「高く売る」ためのマーケティングの教科書

2018年３月20日　初版発行

著　者　大﨑孝徳 ©T.Osaki 2018
発行者　吉田啓二
発行所　株式会社日本実業出版社　東京都新宿区市谷本村町３－29 〒162－0845
大阪市北区西天満６－８－１ 〒530－0047
編集部 ☎03－3268－5651
営業部 ☎03－3268－5161　振　替　00170－1－25349
http://www.njg.co.jp/

印刷／理想社　製本／共栄社

この本の内容についてのお問合せは、書面かFAX（03－3268－0832）にてお願い致します。
落丁・乱丁本は、送料小社負担にて、お取り替え致します。

ISBN 978-4-534-05572-9　Printed in JAPAN